銀座最年少ママの
売れ続ける力

桐島とうか
Touka Kirishima

河出書房新社

はじめまして、桐島とうかです。

私は東京の中心地・銀座のクラブで、

最年少ママとして、お客様を迎え、接客しています。

接客は、突き詰めれば〝人と人とのつながり〟です。

「夜の世界」だからといって、何も特別なことはありません。

誠意を持てば、必ず気持ちは伝わります。

私が心がけているのは、一人のお客様を大切にすること。

〝売れ続ける力〟は、この基本の繰り返しから生まれます。

私の座右の銘は、
「人事を尽くして天命を待つ」。
自分のやれることを精一杯やる。
「今日もやりきった」と思えるような、
悔いのない毎日を過ごす。
結果は、必ず後から
ついてくるものだと思います。

銀座最年少ママの売れ続ける力

目次

第1章

なぜ私が銀座最年少ママになれたのか？

第2章　銀座最年少ママの仕事の流儀

第3章

銀座最年少ママのチャンスをつかむ接客術

第4章 銀座最年少ママの心をトリコにする会話術

第5章　銀座最年少ママのリピーターにする営業術

第6章 銀座最年少ママの胸のうち

写真　桐島ローランド
ブックデザイン　長坂勇司
編集協力　渡辺稔大

第　1　章

なぜ私が
銀座最年少ママに
なれたのか？

「いい子を演じること」が得意だった子どもの頃

今になって振り返ると、私は子どもっぽくない子どもだったような気がします。

小学校低学年の頃から、大人に好かれるのが得意でした。担任の先生にクラスで自分が一番好かれているという自覚がありました。

というのも、周りの人が求めていることを察知するのが得意だったので、「気に入られるためにはこうすればいい」ということを理解していたんです。

たとえば、「この先生、字が上手な子が好きなんだな」と気づいたら、字がうまくなるようにすぐに練習していました。

いつもそうやって、人から好かれる努力をしていたのです。

よく、生まれながらの愛され体質で、ただいるだけで愛されるとか、周りに人が寄ってくるとか、そういうタイプの人っていますよね？

私は、そういう天然の愛されキャラではありません。ただ、人から評価されるための努力を惜しまないという「才能」には恵まれていたと思います。

学校という空間では、勉強や運動、ピアノが得意なほうが有利に過ごせると、なぜか子ども心にわかってしまっていたので、誰に言われるでもなく自分から勉強し、苦手なことは練習して克服し、「できる自分」をつくり上げていました。

誰に学んだわけでもないのですが、そうしたほうが生きやすいと直感的に気づいていたのです。

小学校6年生になった私は、バスケットボール部で主将を務めるようになりました。バスケットボールを始めたのは4年生のとき。顧問の先生は「怖い」と有名で、礼儀やマナーについても常に厳しく、挨拶の声が小さかっただけで練習をやめさせることもありました。

指導が厳しいあまり、親が抗議に来たという噂を耳にしていたくらいです。

ところが、私はその先生が大好きでした。私にとっては、本気で私たちを指導してくれる、熱心な先生だったからです。

私は先生の熱心さにどうにかして応えたいと思うようになりました。当時のバスケットボール部には未経験者も多く、レベルも高いほうではありませんでした。けれども、私は部員たちに呼びかけ、休日に自主練習を行なったり、ノートをつけて共有したりしていました。自分でも、よくそこまでできたなと思うくらいに積極的に活動していました。

あるとき、もっと練習する時間が欲しくて、体育館の開放時間を増やしてほしいと直談判したこともあります。

何か目標を決めたら、実現に向かってとにかく行動してしまう。そんな今の自分につながる性格が、この頃から形成されていたのかもしれません。

結局、最後の大会は準優勝に終わりました。顧問の先生から最後に「最高のキャプテンだったよ」と声をかけていただいたことが、今でも忘れられません。

笑っていたら、好かれるようになった

中学生になった私が、自分を変えた大きなきっかけがあります。

学校で、いつもヘラヘラ笑っているクラスメイトの女の子がいました。その子は、何か忘れ物をしても、失敗をしても、いつも笑みを絶やしません。

あるとき、担任の先生が、その子に向かってこんなことを言いました。

「お前はいつもヘラヘラ笑っているけど、そんなふうにずっと笑っていたら、誰からも嫌われないよな」

先生の口調は、半分褒めているような、半分からかっているような感じでしたが、聞いていた私には衝撃的な一言でした。

シャイで人見知りだった私は、本格的に自分を変えようと決意しました。

「そうだ、私も笑おう！　笑っていたら人から好かれるはず！」

その日から、いつも笑顔を心がけるようになりました。

「とうかママはいつも笑顔だよね」

「表情が豊かだね」

自分では普通にしているつもりでもそんなふうに言われることがあります。この愛嬌は、元はといえばクラスメイトを真似したものだったのです。


学校には、ヘラヘラ笑っている子のほかに、いつも目立って輪の中心になっている子もいました。その子は、すごくおしゃべりで、存在感があって、みんなから好かれていました。私にしてみれば、憧れの人でした。

「ああ、あんなふうになりたいな」

そう思って、少しずつ真似するようになりました。やっているうちに、おしゃべりでいることが自然になっていきました。

私の場合は、自分が変わったきっかけをハッキリ覚えているというだけ。誰しも、子どもの頃からまったく同じ性格というわけではなく、変わったところもあれば、変わらないところもあるはずです。

人から好かれるために行動するのが大変だったかというと、そんなことはなく、純粋に「好かれる」という目標を達成することに楽しさを感じていました。

だから、もともと水商売の才能があったと言われれば、そうなのかもしれません。

今の仕事では、数字を上げるための努力が求められます。でも、「売上＝お客様から好かれた結果」だと考えているので、精神的に無理をしなくても売上を上げることができます。

要するに、中学生の頃から、やっていることは同じというわけです。

「何か大きなことがしたい」と思った高校時代

高校生になった私は、「世界征服をしたい」という大それた野望を持つようになりました。

といっても、テレビの特撮番組の悪役のように世界を支配したいというのではなく、漠然と「何か大きなことをしたい」と考えるようになったのです。

たとえば、実家のある地方の街から東京に遊びに行ったときなど、電車の窓から高層ビル群を見上げて、

「このビルをすべて手に入れるにはどれだけお金がかかるんだろう」

「そのお金を手にするには、どんな仕事をすればいいんだろう」

なんて考えたりしていました。

友だちに言うと笑われてしまいそうで黙っていましたが、かなり本気でした。

この頃、新聞を読んでいて、アメリカの現役高校生実業家の記事を目にしたときには、衝撃を受けました。

私が通っていた高校は進学校で、アルバイトは禁止。隠れてアルバイトをする友だちもいましたが、私の両親は規則に厳しく、とても許してはくれません。

私は一度も自分でお金を稼いだ経験がないのに、新聞に載っているアメリカの高校生は、何億もの大金を自分の力で生み出しています。

この事実を知ったとき、私はその高校生との圧倒的な差を感じ、打ちのめされました。悔しい気持ちでいっぱいになりました。

それまで私は、何不自由ない環境に満足していました。

「両親は私にやさしくしてくれるし、大切に思ってくれている。祖母や弟、妹にも囲まれ幸せな生活を送っている」

そう信じていたはずなのに、どうしようもなく焦っている自分に気づきました。

「私が大都会で生まれ育ち、いろいろな情報に触れられる環境にいたら、あの高校生のようにこの年齢でも何かを成し遂げていたかもしれない」

「安定した平和な日々に満足している場合じゃない」

そう強く思うようになったのです。


その日から、私はいずれ起業しようと心に決め、お金についてひとりで学ぶようになりました。

「皇族が通う由緒正しいイメージのある学習院大学で女子大生起業家として成功したら、メディアで話題になるかもしれない」

そう考えて、志望校は学習院大学一本に絞りました。

当時の私には、大学の偏差値やランキングはまったく重要ではありませんでした。とにかく東京に出ることが最優先でしたし、学問を究めたいと本気で思うなら、大学のランキングなど無意味だと思っていたからです。

この考えは、今でもまったく変わっていません。

大学入学後、起業にチャレンジしたものの

大学に入学した私は、さっそくさまざまな異業種交流会や金融セミナーに参加し、多くの人と出会いました。

そこで出会った学生の中には、すでに自分でお金をつくり出すシステムを見つけ、財布の中には常に１００万円入っているような人もたくさんいました。

たとえば、クラブやバーを貸し切って、売れているモデルやＤＪを呼び、イベントでお金を稼ぐ学生がいました。うまくいけば、一度のイベントで２００万円くらいの利益が手にできることがわかりました。

ほかにも、引っ越しや携帯電話販売の代理店の権利を取得してお金を稼いでいた人、不動産の情報を取得して売っていた人、アフィリエイトやせどり、ネットワークビジネスのような仕組みで稼ぐ人などもいました。

当時は、稼ぎたいという意欲を持ち、常にもがいている人をたくさん見ていたように思います。

私自身も、そういった人たちに学びながら、代行業で起業しました。テレアポの代行や販売の代行など、さまざまなビジネスにチャレンジしました。

自分なりにいい経験はできたと思いますが、知識不足もあり、最終的に大きな失敗をしてしまいました。

大学生にはけっして少なくない借金を抱えてしまったのです。

というわけで、銀座で働くことになったのですが、銀座で働こうと思ったのは、借金返済以外にも理由がありました。

私には、銀座で働けば就活にもプラスに働くだろうという計算がありました。銀座で学んだことを活かして、企業人として活躍したいと考えていたのです。

ではなぜ新宿歌舞伎町でも六本木でもなく銀座だったかというと、ある人から「どうせ水商売やるなら銀座がいいよ」とアドバイスされたことが大きく影響しています。銀座の老舗クラブには、一流のビジネスパーソンが集まります。そこで働けば、普通では出会えないような人と出会え、人脈も広がるという思惑がありました。

最初に働いたお店のママは、有名女子大学を卒業し、一流企業や外資系企業を渡り歩いた経験の持ち主。ママがバリバリ働いていた頃は、今より女性の総合職が少なく、女性が出世するのもむずかしい時代でした。

私はママみたいにキャリアのある女性に憧れていました。企業人として上り詰める秘訣ってなんだろう？　それを知るために、ママのいいところを盗んで、すべて真似しようと思っていました。

だから、いつもママを近くで見ていたかったですし、もっとママと仲良くなりたい、他の子よりも認めてもらいたいと思いながら働いていたのです。

大学は経済学部でしたから、仕事のために経済紙を読んだり、お客様から業界の話を聞いたりすることが、勉強にもつながっていました。

外国のお客様もよく来られるので、英会話の勉強にもなります。時には文化や芸術について語り合うこともありました。お金を払って英会話教室に行くより、断然お得で学習効率も抜群です。

一方で、大学の単位は一つも落とさず、授業もほとんど出席していました。他の学生より試験の成績も良かったですし、友だちに勉強を教えたりもしていました。

銀座で働いていることは大学では秘密でしたから、勉強熱心な学生というイメージで見られていたはずです。

最初は時給3000円からのスタート

銀座デビュー1年目、私の給料は時給3000円でした。

どんなに売上を上げても、一律3000円。実績のある子が他店から移籍しても、時給5000円くらいからのスタートだったと思います。みなさんがイメージされるより、安いのではないでしょうか。

なぜ３０００円だったかというと、銀座で一番有名なビルにある老舗の名店だったからです。

お客様の多くは一部上場企業のエリートビジネスパーソン。アフター（161ページ参照）はほぼなく、色恋営業も不要、ママも有名人でしたから、ここで働きたいという女の子がひっきりなしに集まっていました。

周りには慶應や東大の学生もいましたし、医大に通う子もいました。みんなママの魅力に惹かれていたのだと思います。

純粋に借金を返すためだったら、他のお店、他の仕事で稼ぐという選択肢もあったはず。当時の私は、お金以上にママと一緒に働くことに価値を見いだしていました。

あるとき、お店を拡張する工事が行なわれることになり、ママが私たちにこう言いました。

「お店を工事することにしたんだけど、今ちょっと大変だから、申し訳ないけどお給料を下げさせてくださいね」

普通ならみんな文句を言ったり、お店を移籍すると言ったりするところ。でも、全然違いました。

「お給料はいらないです。給料ゼロでもママのために働きたいです」

そう言った子が、私一人ではなく、何人もいました。それくらい「ママのために頑張りたい」という気持ちが強かったのです。

時給3000円で、実質夜7時〜12時の仕事ですから、一日の給料は1万5000円。借金返済が終わったあとも、友だちと遊んでいるうちに、お金はあっという間に消えていきました。

ライバルの先輩がいたから頑張れた

新人時代、私にはライバルといえる女の子がいました。年上の先輩で、大学を出て、資格試験の勉強をしている子。ちょうど私と同じくらいお客様から人気があって、その子のほうが私よりもママに好かれていたと思います。

彼女はお客様に対して、すごく真面目で勉強熱心。姐御肌で、ちょっとお山の大将なところがありました。

最初の頃、彼女に対して苦手な印象を持っていて、「なんか図々しい人だな」と思っていました。新人時代、よく怒られていたので、怖かったのかもしれません。

あるとき、その子とお店で衝突するという事件が起きました。

彼女からお客様の前で説教をされた私は、我慢できずにキレてしまったんです。

「お客様の前で説教するのはやめてよ！」

「何を偉そうなことを言ってるの！」

酔っていたこともあり、面と向かって彼女に反論。胸ぐらをつかみ合っての大バトルに発展してしまいました。

でも、不思議なもので、そんな一件があってから彼女と意気投合することに。お互いの家に泊まりに行ったり、お客様の情報を交換したりするようになりました。

「こういうときって、どんなメールを送っている？」

「このお客様、覚えている？」

電話でそんな会話を交わしながら、お客様へのメールの文章を考えるなんてこともよくありました。お互いをライバルと認め合いながら、協力し合って頑張っていたんです。

その後、彼女はママと衝突して、先にお店を辞めてしまいました。しばらくして水商売を卒業し、素敵な伴侶とめぐり合って結婚。私のお店にも時々遊びに来てくれるようになりました。

もしも彼女がいなかったら……私はここまで頑張れなかったと思います。

当時は彼女に負けて悔しい思いもいっぱいしましたが、彼女には教えてもらったことがたくさんあります。今では、ただただ彼女に感謝しています。別々の道に進みましたが、お互いに幸せになれればいいなと思っています。

内定辞退！　初めて親を泣かせてしまう

そうこうするうちに、就活という現実が少しずつ近づいてきました。

大学2年時にはインターンシップに参加し、大学3年生になると、他の学生と同じように就活をスタート。お店にもリクルートスーツのまま出勤するようになりました。時にはリクルートスーツのままお客様に同伴していただいたこともありました。

就活では、学生時代に力を入れたことをアピールする機会があります。でも、「銀座のお店で働いています」と言ったことはありません。プライドを持って仕事をしていたつもりですが、偏見がありますし、かえってマイナスになるという心配もありました。今なら、堂々とアピールできるけれど、当時の自分にはまだ自信がなかったのかもしれません。

就活にあたって、業種は絞っていませんでしたが、なんとなくベンチャー企業に興味がありました。

でも、両親からは「大手企業に就職したらどう？」と言われていました。万事において安定志向だったのです。

両親が私に期待してくれていることは、敏感に感じていました。

思い返すと、両親には「できる自分」をずっと見せていたいという気持ちがありました。だから、学校での大きな失敗とか、就活での失敗など一度も話したことがありません。

それどころか、彼氏ができたときにも教えた記憶がありません。親に対して自分をさらけ出すのが恥ずかしかったのだと思います。

小さい頃から学校の勉強もある程度できたので、両親ともに私は堅実な道に進んでくれると信じていたようです。

口では「好きなことをやりなさい」と言われていたものの、普通に就職して、普通に仕事をして、普通に家庭を築いてほしいんだろうな、と。

私自身、両親を安心させたいという気持ちは人一倍強く、「やっぱりベンチャーじゃなくて大手企業に行くんだろうな」という思いがありました。

最終的に、いくつかの会社から内定をいただくことができました。そのうちの一社に入社すると決断し、お客様からもお祝いの言葉をたくさんいただきました。

でも、しばらくすると、だんだん違和感が膨らんできました。会社には、夜の仕事をしているとは話していません。ウソをついて内定を取ったという後ろめたさを抱えていました。

「私、ウソをついたまま、ずっと働き続けるのかな……」

そう考えると、息苦しくなってきました。

自分がその会社で働いている姿がどうしても想像できません。このままでは働けないという気持ちになり、内定式を前にして辞退を決意しました。

実家に電話をかけて報告すると、母親は泣き崩れました。

「お母さんあのね、本当にごめん。実は今まで銀座で水商売のアルバイトをしていてね。私、もう少し続けたいから、就職するのをやめるね。このまま会社に就職したら、きっと私、後悔すると思う。後悔だけはしたくないの」

実は、銀座で働いていることを伝えたのも、そのときが初めて。伝えた瞬間、母親は「え？」と言ったまま絶句して固まっていました。心臓が止まるくらいショックだったようです。

私は反抗期らしい反抗期がないまま大人になっていたので、初めて親に向かって反抗したわけです。

しばらくは、実家に帰るたびに母親に大泣きされていました。母親の顔を見るのがつらくなったくらいです。弟や妹も不安げでしたし、友だちもみんなあきれていました。

唯一、お店のママだけは「銀座には定年がないからね」と励ましてくれました。お客様からも「就職したほうがいいよ」とお叱りのアドバイスをたくさんいただきましたが、私の決意が固いのを知ると、応援すると言ってくださいました。

今でも、両親は私の仕事に反対しています。顔を合わせるたびに「早く抜けてちゃんと就職して」と言われます。今も心のどこかで悩み続けています。

ママをやるには今しかない！

前述したように、就活中は、大学卒業と同時に夜の仕事を辞めるつもりでした。ましてや「お店を移ってステップアップ」なんて考えもしませんでした。

たしかに、いくつかのお店から声をかけていただいたのけ事実です。中には有名な高級クラブもありました。移籍すれば、その瞬間から収入が増えるのはわかっています。でも、私には無関係な話、とスルーしていました。

お店を移ったのは、自分でも意外な決断でした。しかも、当時は有名でもないお店。今現在、私がママをしているお店の系列店です。理由は、スカウトをしていた人が、私に毎週毎週ＬＩＮＥを送ってくれたからです。

最初に声をかけられたときは、門前払いを食わせたのを記憶しています。

「どんなにお給料を出されても絶対に移りません」

当時は、自店のママ信者でしたから、移籍なんてもってのほか。

「わかりました。移籍のことはもういいです。その代わり、銀座のこと、いろいろ教えてください。時々お話を聞かせてくださいね」

そんなふうに言われ、むげに追い返すのも気の毒で、とりあえず連絡先だけ交換しました。

それから毎週のようにＬＩＮＥでメッセージが届くようになりました。もちろん全部無視していましたし、毎回「しつこいな」と思っていました。

1年間、1通も返信しないまま、メッセージを受け取り続けました。

そんなあるとき、たまたま心境の変化があり、夜の仕事をもう少し追究してもいいかなと思うように。

最終的にはしつこいＬＩＮＥが決め手になり、そのお店で働くことを決めました。

移籍してみると、仕事がラクでビックリ。そのとき初めて、最初のお店が厳しすぎたことに気づいたのです。

自分ではサボっているつもりはありませんでしたが、叱ってくれる人も教えてくれる人もいないことが、物足りなくなってきました。

「やっぱり、自分がママをやるしかない、今しかない！」

そう決意するまで、時間はかかりませんでした。

ママになれたのは「ママになる」と決めたから

私は23歳のとき、「25歳で水商売を辞めるまでにママになる」という目標を持ちました。就職の内定を辞退したとき、「25歳までに水商売は辞める」と親に話したので、それならママにまで上り詰めてから辞めたいと思ったわけです。

もともと学生でアルバイトをしているときから、経営者目線で「こうしたらお店が良くなるんじゃないか」と考えるのが好きでした。それを追求するにはママになるしかないとわかっていました。

でも、23歳でママになろうと思うなんて、普通に考えればどうかしています。やると決めたからには、あきらめないで実現させようと固く心を決めました。

幸運とご縁にも恵まれ、今のお店に移るタイミングで、宣言通りママになることができました。2016年11月、私が24歳のときでした。

ママになれた理由はいくつかありますが、一番大きかったのは、やはりあきらめずに「ママになる」と決めて行動したから。とにかく「決めてしまう」というのが大事です。

これは、どの世界にも共通することではないでしょうか？

たとえば、会社を起こそうというとき。本を読んだり、セミナーに参加したりして、一所懸命勉強してから行動する人がいます。勉強すること自体はいいのですが、新しいことを始めるときには、先に動いたほうが絶対にいいです。

行動して初めてわかることもたくさんあります。早く行動すれば、失敗してもリカバーできます。とくに若いときこそ、たくさん失敗するチャンスがあります。早くいろいろな経験をして、それを次に活かせば、失敗を成功につなげられるはずです。

私は周りの人から「パワーがある」「勢いがある」とよく言われます。パワーというと特殊な才能みたいですが、要は「強い気持ちを持つ」ということです。

私は、何事にも「絶対なんてことはない」という考えの持ち主です。

たとえば、みんな子どもの頃に「サッカー選手になりたい」「ピアニストになりたい」という夢を持っていたはずですし、みんなに可能性があったはず。

でも、多くの人が「やっぱり無理だ」「私にはできない」とあきらめてしまいます。

それを「挫折」と言いますが、挫折というのは、結局やめてしまったということ。

夢をかなえた人は、あきらめずに続けていたから成功できたわけです。

私がママになれたのも、同じ理屈です。

銀座でママとして生きる覚悟

銀座でママを続けるにはそれなりの覚悟が必要です。

いうまでもなく、まずお店を維持するだけの「売上」を持てるかどうかが問われます。売上といっても、その中身はさまざま。いわゆる「パトロン」という後ろ盾があってママに上り詰める人もいます。

自分のお店を持ちたいと考えるお客様が、お店で気に入った女の子を見つけてバックアップするケースもよく聞きます。ただ、そういう噂はすぐに広まります。それらしいお客様が来店して、毎回大金を使うので、誰が見ても一目瞭然です。

また、実力があるからといって、ママを目指す子ばかりとは限りません。ママの給料は基本的に完全歩合なので、売上に大きく左右されます。売上が落ち込んだときに、移籍をするのも困難です。ママから「いちホステス」に戻るのはプライドが許さないからです。

かといってママの立場で移籍しようにも、自分のお客様をどこまで引っ張れるかという問題が付きまといます。

一般的な会社でいうと、社長になるのは責任が重すぎるけど、部長ならまだ大丈夫という感覚があると思います。それに近いものがあります。

それでも私はママになりたいと思いました。そして、宣言通りママになりました。

もちろん、パトロンなんて一人もいません。私は「潔癖」であることにかけては自信があります。

完全に実力だけでママになり、実力だけでママとしてやっていく。そのプライドはいつまでも失いたくないと考えています。

第　2　章

銀座最年少ママの仕事の流儀

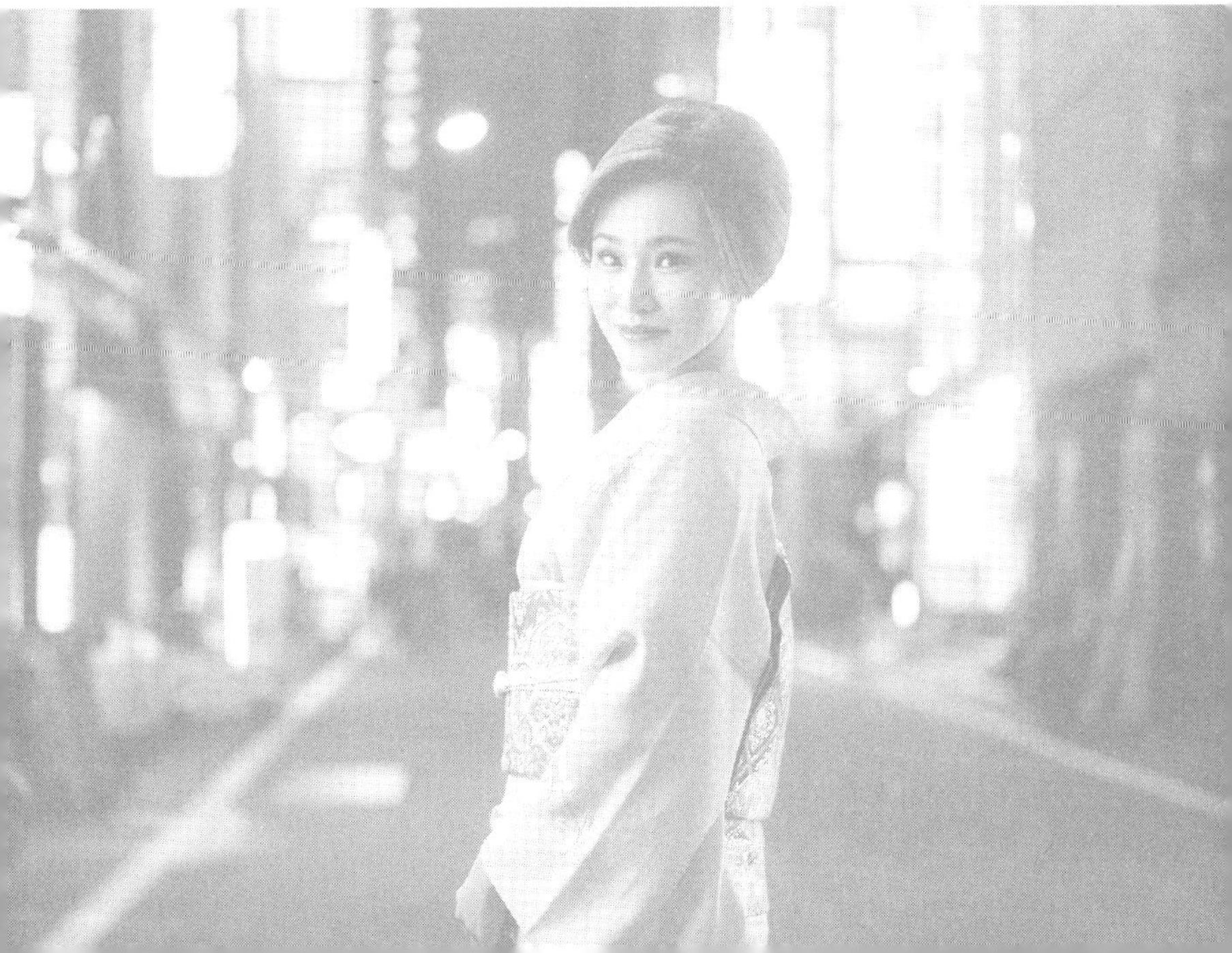

「半歩先」をやり続けてきたから今がある

私が最初に働いたお店のママは、一流企業から銀座のママになった元バリキャリで業界の有名人でした。

ママは、とにかくとても仕事に厳しい人。

「新聞を3紙読んでから出勤しなさい」

「いただいた名刺のアドレスに、お礼メールを送りなさい」

こうした仕事の作法を、イチから細かく教えていただきました。

それだけでなく、ママと一緒に席についていると、時々鋭い視線を感じるときがありました。

銀座のお店は「セット料金」なので、ボトルが空かないと売上が上がりません。つまり、ママの視線は「ボトルを早く空けてほしい」という無言のメッセージなんです。私は、そういうママの目線（というか〝圧〟ですね）にいち早く気づいて、お酒をグイグイ飲んでいました。

お客様と一緒に飲んでいるうちに、お客様によって好きな飲み方、お酒が早く進む飲み方があるということに気づきました。

「このお客様は氷が多めのほうがペースが上がる」
「このお客様はお酒が薄めのほうがいい」

そんなふうに観察しながら、お酒のつくり方を変えていました。すべてはママに認めてもらいたい一心でした。

振り返ってみて、自分でも良かったと思うのは、ママからの教えを素直に実践しただけでなく、言われた内容の半歩先、一歩先までやっていたことです。

誰よりも早く出勤するのは当たり前。新聞は3紙でなく5紙の隅々まで目を通して、内容を頭に入れていました。

とくに日経新聞の人事面はくまなくチェックしていました。

大企業の多くは6月に株主総会があって、人事異動も行なわれます。その動向をチェックするのに有効だったのが日経新聞です。

日経新聞には、企業の人事異動の情報が掲載される会社人事欄があります。この会社人事欄を見て、来店されるお客様の名前を確認し、見つけたらマーカーで線を引いていました。

そして「新聞見ましたよ。ご昇進おめでとうございます」などと、お祝いメールを送っていました。

今は日経電子版でも人事情報をチェックできますが、私が働き始めた頃は、紙の新聞の情報が一番早く、お祝いメールを送るのも誰よりも早かったと思います。

しかも、メールだけではありません。その後、お客様が来店されたときには、ちょっとしたプレゼントをお渡ししたりしていました。

そんな努力がママに褒められてうれしかったのをよく覚えています。

お客様からは「若いのによく気がつくね」「細かいところまでよく見ているね」などと感心され、名前を覚えてもらうことができました。

私の仕事の原体験は、このときの「頑張れば報われる」体験にあったのではないかと思います。

頑張っていれば、必ず誰かが見ていてくれる

「目立つキャラ」を演じて、お客様に覚えてもらう

私がこれまでの経験を通じて実感しているのは、夜のお店で働くのなら、できるだけ早く自分のキャラクターを確立しなければならないということ。

他の子とキャラがかぶると、どうしてもお店の中で埋没してしまいます。

「あー、あの○○の子」

そう一発で覚えていただけるような個性的なキャラを持っている子は強いです。

キャラは、明確であれば何でもいいんです。

たとえば、特別なことをしているわけでもないのに、なんとなく色っぽい子って、いますよね？　タレントでいうと壇蜜さんみたいなタイプ。そんな子は、色っぽさに

磨きをかけたほうが絶対にいいです。

うるさくて、やたら元気がいいとか、私みたいなタイプもアリですし、お酒が弱くてすぐに酔ってしまうキャラでもＯＫ。

極端にいえば、暗くて無口な子でもかまいません。少なくとも、中途半端に目立たなくて印象に残らないよりは断然いいです。

お客様の中には、悲壮感あふれる子が好きなお客様もいらっしゃいます。男の人から見て「守ってあげたい」と思えるようなタイプの女の子は、たしかにいます。

でも、暗い子の場合は、５人のうち１人のお客様にしか受けません。５人中５人のお客様から好かれるには、人懐っこさや明るさといった要素が不可欠。声の大きさも大事です。大きな声は明るさに通じます。女の子は声が大きくて笑っている子のほうが、覚えてもらいやすいし、人気者になれるんです。

いずれにしても、キャラクターがハッキリしていると、お客様の印象に残りやすくなります。しかも、お客様が別のお客様に紹介するときに、思い出してもらえる確率も高くなります。

「あの色っぽい子を紹介して」という感じで引き合いが増える子も、たくさんいます。

私の場合は、最初は金髪で働いていました。よく採用してもらえたと思いますし、ママに注意されてすぐに染めたのですが、金髪はキャラづくりに一役買っていました。

「地元でヤンキーだったんでしょ？」

「違います。全然真面目でしたから」

「いやいや、どう見てもレディース上がりでしょ？」

そんな会話ですぐに覚えていただけました。

当時は、あえて地味な色で、一番安っぽく見えるドレスを選んで着ていました。お店では一番下っ端の立場だったので、下っ端らしさを強調したわけです。

安っぽいドレスで、先輩のお姉さんたちにペコペコしていると、「入ったばかりの子」

というイメージが演出できます。

お客様には、かわいがっていただけました。

「もっといいドレスが着られるように頑張ってね」

「はい、頑張ります」

最初にそんな会話をしておいて、次にお会いするときに、ちょっといいドレスを着ると、印象が一気にアップします。

本当は周りにもっときれいな子がいたとしても、「あれ？　ずいぶん垢抜けたね。きれいになったね」と褒めていただくことがありました。

こうやってギャップを利用して印象づけていました。

明るく元気にすることが好印象への近道

「美人じゃない」ほうが銀座では成功する？

銀座で人気の女の子と、六本木や新宿歌舞伎町で人気の女の子は結構タイプが違います。

銀座で成功している子が、新宿歌舞伎町や六本木に行ってもうまくいかないと思います。

逆に、六本木や新宿歌舞伎町でいくら人気だからといって、銀座に来て成功するとは限りません。お客様の層、お客様が女の子に求めている要素がまったく異なるからです。

わかりやすく言うと、新宿歌舞伎町の女の子はみんな若くてキャピキャピしています。見た目も美人系の子が揃っています。新宿歌舞伎町は、売れる子の性格も似通っているように感じます。今どきのギャルという感じですね。

六本木は、みんなスタイルが良くてきれいな印象があります。モデルさんや芸能人の卵が働いているケースも多いと聞きます。六本木では、線が細くてお酒に強い子が売れるそうです。

これに対して、銀座で人気がある子は美人すぎない子。そう言うと、たくさんの女の子を敵に回してしまいそうなので、ちょっと説明させてください。

美人すぎないというのは、普通っぽさがあるということ。

アイドルのＡＫＢ48グループには、クラスで３番目にかわいい子を集めたという都市伝説があります。実際にはすごくかわいい子ばかりだと思いますが、親しみやすい子が多いのも事実。感覚的には、それとちょっと似ています。

銀座に来るお客様は、ある程度地位やお金をお持ちの方です。プライドが高い方も多いので、特別美人すぎる子だと、話しづらいのではないかと思います。

実際に、健康的で愛嬌があって何でも話せる子のほうが、人気があります。

見た目でいえば、銀座で売れている子は普通レベル。でも、それを補ってあまりあるだけの上品さがあります。

会話をしていてスピードが速い子、絶妙なコメント力を持っている子も銀座に集まっています。とくに、引き出しの多い子は強いです。引き出しが多いと、すぐにお客様と共通の話題で盛り上がることができます。必然的に、人気者になりやすいのです。

会話の引き出しの多さは、言い換えれば「知識の幅広さ」です。銀座では、昼の仕事と兼業していたり、大学に通ったりしている女の子が売れるケースがよくあります。

なぜ売れるかというと、やはり知識が幅広いからです。

昼間の仕事をしている子は、ビジネスの基本的な知識を持っていますし、仕事を通じて社会人の悩みや苦労も知っています。しかも、いろいろな業界の人と付き合っているので、たいていの話題に対応できます。

また、いい大学に通っている子ほど、意欲が高くて勉強熱心です。

ふだんから真面目に勉強しているので、やっぱり知識が豊富で、会話のネタに困りません。だから、夜の仕事専業でも、本や新聞を熱心に読んでいる子は、伸びているのです。

生き残る秘訣は、会話の引き出しを増やすこと

仕事ができる子は「数字」に強い

仕事ができる女の子は、物事を経営者の視点で考えています。

私が見ていても、「この子は、頭の中でちゃんと売上を計算しながら飲んでいるな」というのがわかります。

こういう子は、「数字」に対する意識もしっかりしています。

たとえば、夜中の12時閉店なのに1時過ぎまでお客様がお帰りにならないとき。売上がつく子が、売上がつかないヘルプの子に対して、きちんとお金を渡しています。

本当にできる子は、アフターに行ってお客様からタクシー代をいただいても、それとは別にヘルプの女の子にタクシー代を渡します。

経営者目線で「労働に対しては対価を支払うべき」という意識が徹底しているのです。

一方で、仕事に真剣に向き合っていない子は、好き嫌いで物事を判断しがち。お給料の中には、お酒を飲むという仕事も含まれていますし、他の女の子のお客様の席について手伝う仕事も含まれています。ですが、それを理解していないので、〝わがまま〟を言い出します。

「あの人は私のことを絶対に気に入ってくれないから、席につきたくない」

「今後につながらないからイヤです」

そんなわがままが許されるのは、自分でお客様を呼べる人だけ。給料分の働きをすれば、私としても文句はないのですが……。

仕事ができる子とそうでない子の差がハッキリ表われるときがあります。それはお店がヒマになったときです。

お店がヒマなとき、私は必死で営業メールを送ります。さすがに「ヒマなので来てください」とは言えないので、「近くにいらっしゃったりしませんか？　○○ちゃんが新しいドレスを着てお待ちしております」といった文面を考えます。

お客様は、私から営業時間中にメールを受け取った時点で異変を察してくださいます。「ヒマだったんでしょ」と言って、お越しいただく方もいらっしゃいます。

私と一緒に焦って営業をしてくれる子も、もちろんいます。

でも、中には全然焦らない子もいます。

「ラッキー。同じ時給をもらえるなら、お客様が少ないほうがラク」

残念なことに、この手のタイプのほうが多数派です。

仕事に真剣に向き合っていない子は、ラクをすることが第一になります。お給料も「ラクをして手に入れたお金」という意識があるので、すぐに使ってしまいますし、それ以上に入ってこなくなります。

結局、若さを失ったときに残るものがなくなってしまうのです。

危機感を持っている人は強い

ママの実力は「席のつくり方」に表われる

ママならではの役割の一つに、お店の席をつくることがあります。

席をつくるとは、女の子を適切なタイミングで適切な席につけるということ。

明るくておしゃべりな子が固まると、その場所だけうるさくなるので、適度にバラけさせるというのはテクニックの一つです。

同じ理屈で、暗い色のドレスを着た女の子が集まらないようにも注意します。まるで、花を生けるように、華やかに見せる配色を心がけているわけです。

実は、美人でお人形みたいな子を目立つポジションに座らせることもよくあります。お店の中で高いところに美人を座らせると、お店全体がきれいに見えるからです。

だから、多少トークに難があっても、きれいな女の子がいると助かります。女の子に直接言うこともあります。

「あなたはお人形でもいいから、みんなに見られていることを意識してね」

本当はおしゃべりも得意なら最高ですが、長所を最大限に活かすことが一番。一人ひとりの強みを意識しながら席をつくっていくということです。

お店のスタート時、席づくりは「黒服」に任せているのですが、途中からはどんどん私が介入して動かしていきます。

初めてのお客様には「どういうタイプが好きなんですか？」とお聞きして、一番タイプに合った子をつけます。

ただお客様に女の子をつけただけだと、話が盛り上がらないこともあります。

たとえば、常連のお客様が初対面のお客様をお連れになるケース。お客様同士の会話もぎこちなくて、女の子も会話に苦労します。

こんなときは、あえてお客様に質問をします。

「あら？　お客様はお二人で飲むのは何回目ですか？」

「いや、実は今日が初対面なんだよ」

そこで、私がある程度、場のトークをコントロールします。

まずは、マンツーマンで話すのが得意な女の子をそれぞれのお客様の両側につけて、ある程度飲んでいただきます。しばらくして場が温まってきたタイミングで、私が女の子にさりげなく話を振ります。全員で会話できるようなソフトなテーマを与えるのです。

こうやって、私が席を離れても会話が続くようにフォローしていきます。

ママは、いろんな席につく必要があります。忙しいとき、気心の知れたお客様には――甘えているようで大変申し訳ないのですが――短時間で失礼させていただき、比較的新しいお客様に時間を使います。5分しか席につけないときもありますが、最初の挨拶と、お見送りと、その5分で私に会ったという印象を残すように集中力を発揮します。

女の子の人数が少ないときには、ママである私が3対1で接客することもあります。5対1くらいまでなら対応できる自信があります。大変ですが、これがママの仕事だと思っています。

場を盛り上げられるかどうかはママの腕しだい

個人で勝つより
チームで勝つことを優先する

一つのお店は、いわば一つのチーム。個人戦だけでなく、チームでお互いに助け合いながらも仕事をしています。とくにママとしてチームをどう動かすかが重要です。

たとえば、お客様が特定の女の子（Aちゃん）を好きになって入れあげている場合、私や他の女の子は嫌われてもいいという発想が生まれます。

たとえば、Aちゃんがいる限り、私はお客様からイヤがられてもシャンパンのおねだりができます。

逆に、Aちゃんも私のせいにしてお客様をお店に呼ぶことができます。

「今日、予定なくなっちゃったんだけど、ママにどうしてもお客様を呼んでとお願いされてしまったから、来ていただけませんか？」

そうやって声をかけられるわけです。

あるいは同伴がかぶったときに、あえてスキルの高い女の子に同伴をお願いして、お客様に常連になっていただくこともあります。

「ママとしての仕事があるから同伴に行けないんです」

そう言えば、お客様にも納得していただけますし、女の子自身の売上にもつながります。

これと似たようなケースでは、女の子を通じてお客様とコンタクトを取ることもあります。

たとえば、地方のお客様が東京に来られているという情報を耳にしたとき。私が女の子にメールを送るようにお願いします。

「ちょっと、○○さんと△△さんが東京で一緒に飲むらしいから、メールしてみてよ。直接『来て』って書かなくてもいいから、『お久しぶりです。なんとなく気になってメールしました』とか、『次、東京にいらっしゃる用事はありますか？』とかいう感じで送ってみてよ」

女の子がメールを送ると、お客様はビックリされます。

「おお、タイミングいいね。実は東京に来ているので、今日そっちに飲みに行くよ」

そんなふうにご来店につながることがよくあります。

とくにママになってからはチームを動かして接客することの大切さを強く意識しています。

役割を分担すると仕事がうまくいく

銀座で変えていいルール、変えてはいけないルール

銀座のクラブには独特のルールがあります。

たとえば、女の子は前髪を上げておでこを出さなければいけない。でも、ママより高くしてはダメ。ジーパン出勤は禁止。お客様も、襟付きのシャツを着用していないと入店禁止。サンダルや短パンもダメ……という具合です。

ただ、時代の変化は少しずつ表われてきています。

昔は、女の子も銀座にステータスを感じ、「どうせ働くなら銀座で頑張ろう」という意識を持っていました。だから、細かいしきたりやルールも受け入れていたわけです。

ところが、今は「なんとなく新宿歌舞伎町より銀座」「六本木で働いていたけど合わなかったから」「昼間の会社が近いから」といった理由で働く子が増えています。そういう子たちに銀座のルールを押しつけようとしても、うっとうしく思われてしまいます。

お客様のほうも変化してきました。

今は外国の方や外資系企業で働く方も多く、むしろスーツがダサいという価値観を持つ方もいます。また、会社の交際費頼みではなく、ポケットマネーで飲むお客様を受け入れないとやっていけないお店もあります。

中には、お客様がラフな格好で来店されたときのために、襟付きのシャツや革靴を用意しているようなお店もあります。でもそれって、ポリシーがあるようでないような気がするのですが……。

やはり、時代に合わせて変えてもいいところは、変えていく必要がある。

そう私は思っています。

最初のお店で、常連のお客様が外資系のお客様を連れてきてくださったことがありました。外資系のお客様を見たママは、こう言ってお断りしようとしました。

「ごめんなさい。襟なしのお客様はご遠慮いただいているんです」

そこですかさず私は反論しました。

「いや、これからは従来のお客様だけじゃやっていけないですよ。変えるところは変えていかないとダメです」

当時の私は20歳そこそこ。ママからしてみれば生意気だったかもしれませんが、新しい環境に適応する大切さを誰よりもわかっていたつもりです。

会社の交際費は、削減される一方です。そんな状況で、従来型のお客様にこだわっていたら、チャンスを逃します。将来的に生き残っていくのは困難です。

今、私のお店では、ジーパン出勤はNGですが、前髪パッツンはOK。ある程度のユルさは必要です。

ラフな格好でいらっしゃるお客様もいますが、「いいお客様」かどうかを見た目で判断する時代ではありません。

お客様の本質を見る力が、お店側にも試されているのかな?と思います。

時代に合わせたルールをつくっていくのがベスト

第 3 章

銀座最年少ママのチャンスをつかむ接客術

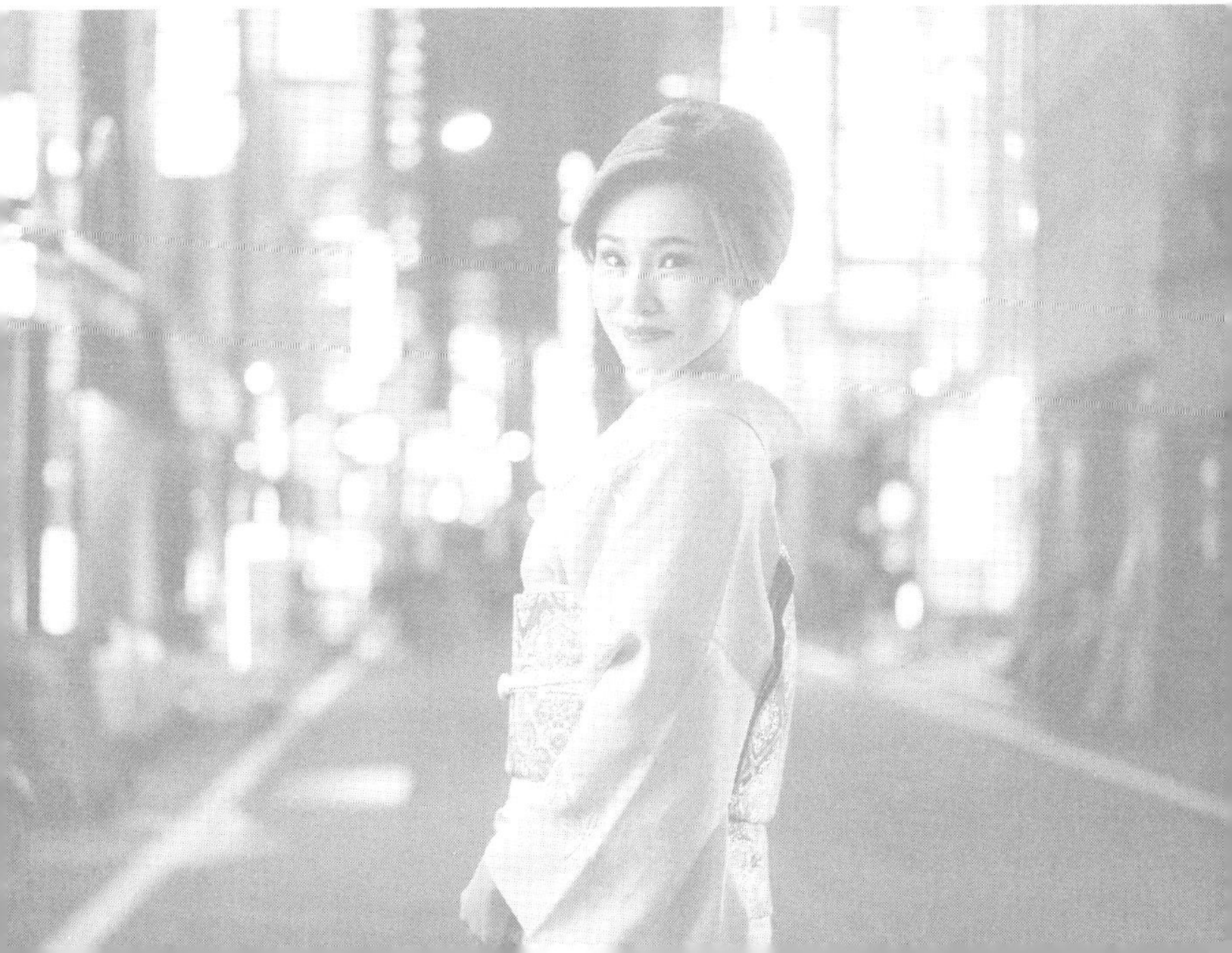

「アイコンタクト」だけでも接客はできる

最初のお店のママは、物静かなタイプで、積極的に場を盛り上げる人ではありませんでした。しかし、話術に優れていないにもかかわらず、たくさんのお客様を抱えていました。

その秘訣はいろいろあるのですが、中でも印象的だったのが「目線」です。よく見ていると、アイコンタクトでお客様と密なコミュニケーションをとっているのに気づきました。

そこで、私もママにならって目線を意識するようになりました。

たとえば、時には8対1でお客様のお相手をするシチュエーションがあります。そんなとき、私はあえて、一番偉い人の対角線上の離れた席に座ります。もちろん直接会話するのはほぼ不可能です。

ただ、目線は届きます。だから、目で会話をするのです。

別のお客様と会話をしながら、対角線のお客様に目配せをして、目が合ったときに軽く会釈をしたり、微笑んだりする。それだけでも、「ああ、あの子はオレのことを見ている」と私の存在を意識してもらえます。

注意すれば、反対側のお客様の会話の内容が耳に入ってきます。断片的に聞くだけでも、どんなお客様なのかはわかります。

そして、お客様がトイレに立つタイミングなどを見計らい、近づいて声をかけます。

「ずっと見ていたんですよ。お隣に座りたかったです」

そして、断片的に聞いていた会話を参考に、「株にお詳しいんですか？」などと水を向けると、立ち話でもちゃんとした会話が成立します。

ちょっと意識して目線を使うだけで、接客の幅がグンと広がりました。

とはいえ、お会いしてすぐに目線を向け続けると、お客様に威圧感を与えてしまいます。なので、私はおしゃべりな分、目線を抑え気味にして、徐々に向けていくように気をつけています。

このあたりは、その人のキャラクターもあるので、臨機応変がカギ。やはり、自分に合った接客をメインに、他人の良いところを積極的に採り入れていくほうがいいと考えています。

会話だけがコミュニケーションではない

お客様の名刺から読み取れる情報はたくさんある

ホステスの女の子は、お客様の情報を短時間で収集するスキルに長けています。

たとえば、常連様が初めてのお客様をお連れになったとき。私たちは、まず常連様とそのお客様の関係性をチェックします。会話の内容や言葉遣いの丁寧さ、座る席の位置などから、メインで接待すべきお客様かどうかを判断します。

初めてのお客様とは、必ず名刺を交換します。名刺を見て会社の業種と肩書きを確認し、「交際費はどれくらいか」「リピートされる可能性があるか」を推測します。

ちなみに、銀座のホステスが食いつく役職は、なんといっても交際費を握っている営業部長さん。業種でいうと、ゼネコンや製鉄系、製薬会社、商社などは来店の頻度も高くなる傾向があります。

金融系も強いのですが、最近は銀行や保険会社よりも、海外のファンドを個人で扱っているような方に勢いを感じます。とくに海外に拠点がある会社は、交際費も大きいケースが多いです。

「ＩＴ社長」というと、お金を持っていそうなイメージがあるものの、実は銀座ではそれほど引きがありません。とくに若手のＩＴ社長は、お金を使わないタイプの人が大半で、使う人でも銀座より六本木などを好まれるように感じています。

初めて耳にする会社名でも、「〇〇商事」など、なんとなく業種の予測がつくこともあれば、つかないこともあります。

どうしてもわからないときは、直接お聞きすることもあります。

「どういうお仕事をされているんですか？」

「プラスチックというのは、コンビニのお弁当のパックとかですか？」

素直にお聞きすれば、みなさん丁寧に教えてくださいます。そこから話が広がることもよくあります。

私の場合は、トイレに立つちょっとした時間にお客様の情報をインターネットで調べることもあります。主にチェックするのは、業種や売上規模、取引会社などです。

地方の中小企業の社長様がいらしたときなど、「二代目社長なのか、二代目なのか」などが気になります。

世間的には、「二代目は浪費家」というイメージがあります。でも、私の感覚でいえば、自分で会社を築いた経営者のほうが交際費にお金を使う印象があります。

お客様の接待や社員の慰労にお金を惜しまないのは、圧倒的に一代目の社長様です。きっと、他人のためにお金を使うことを重視されているのでしょう。そんな姿を見ていると、なんとなく共感を持ってしまう自分がいます。

お客様の情報はできるだけたくさん収集する

お客様の情報はトイレでメモする

ホステスはお客様の情報をどうやって覚えているのか？　気になっている人も多いと思います。

女の子の中には、お客様の特徴や会話の内容、使った金額などを手帳やノートに記録して管理している子もいます。熱心で良いことだと思うのですが、私自身は、そこまで細かい記録にこだわっていません。

私の場合、最初に働いたお店で「営業報告書」を出すという決まりがありました。報告書に、お客様の会社名や、お名前、来店日、お送りしたメールの内容などを書いて提出しなければならなかったのです。

報告書を毎日書いているうちに、お客様のことを覚えるようになりましたし、覚えるべきポイントもつかめるようになりました。

もともと記憶力には自信があるほうなので、一度覚えてしまえば、なかなか忘れなくなります。ですから、報告書を書かなくなってからも、ある程度対応できているのかもしれません。


ただ、最近はお酒を飲む量も多くなりましたし、お客様の数もどんどん増えています。覚えるむずかしさを感じることはあります。

そこで、ちょっとした情報は、お客様の名刺にメモするようにしています。ちょっと席を外したタイミングでトイレに駆け込み、ペンを走らせるのです。

メモする内容は、次のようなことです。

- お客様の特徴（黒縁メガネ、色白など）
- 出身地

・お連れ様のお名前
・会話の一部

お客様の中には、自分ではボトルを入れずに、お連れ様のボトルを飲まれる方もいらっしゃいます。お連れ様の名前を書くのは、次の機会にスムーズにボトルを出すための準備です。

「会話の一部」といっても「ゴルフ」とか「歴史」とか、キーワードを一言書いておくくらい。普通の人がメモを見ても、何のことかさっぱりわからないと思います。

キーワード一つでも、あとで名刺を見て「そういえばゴルフのお話をされていたな」というように一度でも思い出せれば、お客様の会社名やお顔なども一つながりに思い出すことができます。

名刺の裏に、「◎」や「×」をつけることもあります。

「◎」は、これからよいお客様になりそうな方、お話が合う方です。

「×」は、けっしてイヤなお客様というわけではなくて、お話を合わせるのがむずかしかったお客様。私がやっている、いつも通りの接客ではうまくいかなかったという意味であり、接客のアプローチを変える必要があります。

こういうお客様のこともよく覚えておき、次にはうまく接客できるように努力しています。

メモした内容は次につなげることが大切

接待のゴールは2種類ある

お客様が接待でご利用される場合、「大事なお客様の接待なので、よろしくお願いします」とご連絡をいただくことがあります。

「銀座のお店を知っている」ということは、ビジネスパーソンにとって一つのステータス。銀座に接待の場を設けることで、「顔が立つ」ということがあります。

中には、接待用のボトルを常備していて、「ふだんはこっちのお酒だけど、接待のときはこっちを出して」とリクエストされるケースもあります。

だから、お迎えする私たちもいつも以上に気を遣います。

まずは入店時。

「○○さんいつもありがとうございます」

「○○さんがお客様をお連れになったので、かわいい子をいっぱいつけますね」

たまにしか来店されないお客様でも、顔を立てるようにご挨拶します。

ケースにもよるのですが、女の子のつけ方にも配慮します。

あくまでも主役は接待される側のお客様。

接待する側のお客様に、いつも仲良くしている女の子をつけてしまうと、いつもの2人で盛り上がってしまいがち。

なので、接待の席では、あえて仲の良い子は外して、接待される側のお客様に能力の高い子をつけます。

もちろん、女の子には、あらかじめお客様の関係性を情報共有しておきます。

一言で「接待」といっても、純粋に楽しむための接待と、真剣に商談をする接待もあります。とくに外国のお客様は、お店の中で、かなり重要なビジネスの意思決定を行なわれます。

楽しませたいときは、肩の力が抜けるような話題を提供します。
「好きな女性のタイプを芸能人でたとえると、どなたなんですか？」
「うちにいる女の子を、花の名前でたとえてみてください」

こんなふうに一人ずつ回答を求めると、たいていユニークな答えを出してくださる方がいて、その場が盛り上がります。

場が温まってきて、お客様同士に打ち解けた雰囲気が生まれてきます。そうなれば、接待は9割方うまくいきます。

真剣に商談をする接待では、あえて軽い雰囲気にはしませんが、さりげなく話がスムーズにまとまるようにサポートします。

たとえば、商談の席で男性が隣同士に座ると、議論がヒートアップして、口論に発展することがあります。

口論はお店全体のテンションを下げてしまいます。ですから、男性同士の間には必ず女の子に座ってもらい、和らいだ空気をつくるように演出します。

女の子が間に座っただけで、商談がうまくいったというお話もよく聞きます。

お客様がお帰りの際は、ご依頼に応じてお土産を準備することもあります。お見送りまで接待される側のお客様が満足できるように、細心の注意を払います。

「お客様に満足していただけました。楽しい夜にできました。ありがとうございます」

「あの子のおかげで、お客様と一緒に仕事ができるようになりました」

そうお褒めの言葉をいただけると、うれしくなります。

お客様が目指すゴールに導くのがホステスの仕事

お客様を観察しながら、滞在時間と予算を見積もる

接客中は、常に時間を見ながら動いています。

今いるお客様が、あとどのくらい滞在されるのか。過去のデータなどからある程度予測がつきます。

お客様がお帰りになる時間から逆算して、時間内にどのくらいの量のお酒を飲んでいただくかを計算します。

といっても、むやみにペースを上げてボトルを空けていただくというわけではありません。

お客様が一度に使っていただく金額が多ければ多いほどうれしいのですが、常連の

お客様にリピートしていただくことのほうがはるかに大事です。

お客様ごとに、交際費として落とせる範囲や、ポケットマネーの範囲があります。しかも、来店されるタイミングや人数、目的などによっても、金額は大きく変わってきます。

それを冷静に頭の中で予測して、超えないように計算するのも重要なポイントです。たとえば、「4名様だから15万円までに収めたい」と試算したとき。ボトルが空いたタイミングで、新しいボトルを入れていただくのではなく、「ボトルは次回にしましょう」とご提案したりします。

サービスでお酒をお出しするというのも、一つの判断です。

お客様の予算を把握しておくと、すべての段取りがスムーズになります。

1回の交際費の範囲が7万円のお客様が、14万円のお会計になってしまったとしましょう。

こういうとき、領収書を作成する前に、お客様にお尋ねします。

「今日はこの金額なので、２枚にしたほうがよろしいですか？」

結果として、その後の作業にムダがなくなるというわけです。

お客様の予算に合わせたサービスをする

女性のお客様から好かれると、いいことが起きる

数は少ないのですが、お店には時々女性のお客様をお迎えする機会があります。

女性のお客様は、大きく3つに分けられます。

一つ目は、お客様の奥様。

奥様に気に入っていただけたら「あのお店になら行ってもいいよ」とお墨付きがいただけます。ですから、奥様には最大限配慮します。

慣れている子に接客してもらうだけでなく、化粧品をお贈りすることもあります。

二つ目は、管理職系の女性。職場の男性同僚と来店されるケースがあります。

管理職系の女性は、女性を見る目がシビアです。でも、ただ厳しいというのではなく、プロ意識を持って働く女の子に対しては、共感を持っていただけることが多いです。

たとえば、私は女性のお客様から「日経新聞を読んでいる子を呼んで」と言われて席についたことがあります。ある意味、どれくらい勉強しているのかが試されるのです。

最低でも、一面記事の内容や、「私の履歴書」に連載中の方についてお話しできるように準備しておかなければいけません。

新聞を読んでいるかどうかは、語彙力の違いにも表われるので、そのあたりも見られているのかなと思います。

一度プロ意識が認められると、女性のお客様からは信頼されます。敬意を持って接していただけます。

ある管理職の女性にご挨拶のメールを送り続けていたら、あるとき、旦那様をお店に連れてきていただいたことがあります。こういうことがあると、「頑張っていてよかったな」と思います。

そして、三つ目が〝パパ活〟をしているような女性。
たまにお客様がお連れになることがあるのですが、正直なところ扱いに困ります。会社の名刺をいただけないことも多く、メールでフォローすることもありません。この手のタイプの女性は、深追いしなくてもいいと割り切っています。

同性から認められると得することがたくさんある

銀座に慣れているお客様と、慣れていないお客様の違い

お客様の中には、銀座で飲むことに慣れている方もいれば、不慣れな方もいます。

銀座では、お客様にボトルを入れていただき、それを女の子が一緒に飲むというスタイルが基本。

でもごく稀《まれ》に、ボトルを入れずにお客様だけで飲もうとするケースがあります。そうなると、グラスのない女の子は手持ち無沙汰になります。

地方によっては、女の子が飲まないのが当たり前で、むしろすぐに「飲み物が欲しい」と言う女の子はマナー違反、という話も聞きます。

ですから、お客様に悪気があるというより、いつもの習慣と銀座の飲み方との間に

ギャップが生じてしまっただけのことです。

ほかにも、銀座らしいといえば、最初に名刺を交換してからお話を始めるというところ。後日、名刺に記載されている会社のアドレスにお礼メールをお送りするのが銀座特有のやり方です。

でも、時々「悪いけど、名刺持っていないから」と名刺交換を断る方がいます。「ＬＩＮＥのＩＤなら交換してもいいよ」という方もいます。

意外と一流企業の若手社員に「夜のお店では名刺を出せない」という意識の方が多いようにも感じます。

キャバクラなどでは電話番号やＬＩＮＥといったプライベートのやりとりを重視します。だからキャバクラ出身の女の子は、自分の名刺を渡すだけでお客様から名刺をいただかないことがあります。そして、帰り際に「また飲みたいので、電話番号を教えてください」などと声をかけます。

こういう子は、せっかくお客様から名刺をいただいても、お礼メールを出そうとはしません。銀座ではメールを送ってナンボなのですが……。

飲み慣れていないお客様だからといって、差別したりはしません。

そのお客様をお連れいただいた常連様の顔を潰したくないためでもあります。

ただ、ボトルを入れずにグラスだけ、女の子が飲んでいない席はお店の中でかなり目立ちます。

その席だけ銀座の雰囲気でなくなってしまいますし、他のお客様も気にされます。

こういうときは、ママである私がやんわりとお声をかけます。

「○○様（常連様）もボトルを入れていただいているので、ボトルを入れていただくようお願いしております。女の子もお酒をご一緒にいただいてもよろしいですか？」

銀座だからとお高くとまっているつもりはありません。

ただ、銀座には銀座のスマートな飲み方があります。それを知っていただければ、ママとしてどのお客様にも気持ちよく飲んでいただく自信があります。
お客様には、銀座ならではの接客を楽しんでいただければと思います。

お店全体の雰囲気を崩さないことも大切

自分と合わないお客様は無理をしてまで接客しない

あるママさんから教えていただいたのですが、銀座には「こういう顔の男性には気をつけたほうがいい」という人相があるのだそうです。どうやら、男性の顔はシワの寄り方で見極めるらしいのです。

「どういう顔なんですか？　教えてください」

質問したら、「こういうのは経験で学んだほうがいいよ」と諭されました。

イヤだなと思う男性に出会ったら、その表情をよく覚えておき、次にシワの感じが似ている人に出会ったときには近づかないようにすればいいと言うのです。

ちなみに、ホステスの女の子にも要注意の人相があると聞きました。欲望があふれすぎると、いつの間にか表情が変わってしまうらしくて、見る人が見るとすぐにわかるのだそうです。

まだ私にはわからない世界ですが、いずれにしても「苦手なタイプの人相」というのはあると思います。

人間ですから、誰だって相性の善し悪しはあります。

たとえば、テレビを観ていても、「この俳優さん、なんか好きだな。雰囲気いいな」と思うことがあります。

実際、その好きな俳優さんとよく似たお客様に会うと、やっぱり話がよく合います。しかも、そんなお客様に限って、羽振りが良かったり、たくさんのお客様を連れてきてくださったりします。

これは別に不思議なことでもなんでもなく、人間は、自分が好感を持って接していると、自然と相手からも好感を持たれるということなんでしょう。

一方で、どうしてもしっくりこないお客様もいらっしゃいます。苦手なタレントさんとメガネの感じが似ているというだけで、お客様との会話がぎこちなくなったりすることって、あるんです。

でも、そのお客様に問題があるわけじゃなくて、たまたま私と合わないだけ。私が苦手にしているお客様が、他の子と相性がいいというケースはよくあります。だから、合わないお客様に無理やり合わせようと努力するのではなく、時には深追いしない判断も大切です。

苦手なお客様は、そういうお客様を得意にしている子にパスするのも一つの方法です。

私が働き始めた頃は、とにかく下ネタが苦手で、下ネタを話されるとまったく会話ができませんでした。当時、お店には下ネタを絶妙にあしらえる女の子がいたので、その子に何度も助けてもらいました。

逆に、他の子が苦手なお客様の接客を振られることもよくあります。私が得意なのは、気難しくて無愛想なお客様。会話がなかなか続かないので、苦手とする女の子が多いのですが、積極的に接客を買って出ていました。

一人のホステスとして仕事をしていたときには、合わないお客様がいることを恐れていませんでした。

「合わなければ合わなくていい」と割り切っていたんです。

ただ、ママになってみて思うのは、そうとばかりは言っていられないということ。ママはお店の顔として、たくさんのお客様を受け入れる責任があります。だから、今は「みんなに好かれたい」と思うようになってきました。

やっぱりママの仕事って、大変なんです。

全員から好かれようと思わなくても大丈夫

イヤなときは、きちんと「イヤです」と言う

プライベートでモテる子は、ただニコニコしている子。でも、夜のお店でモテる子は、よくしゃべる子です。ただおしゃべりなだけじゃなくて、自分の意見を言えるかどうかも大事な要素です。

お客様が明らかに間違っているときは、遠慮せずにストレートに言ったほうがいいと私は思います。

ママになる前、私はイヤなお客様を完全に避けていました。避けていたというより、直接「もう結構です」などとお伝えすることもありました。

イヤなお客様の代表が、女の子を触る人。

自分が触られるのはもちろんイヤですが、お店の女の子が触られるのもガマンできません。それを許していたら「触ってもいい店」になってしまうからです。

別の席で女の子が触られているのを見たときは、黒服を通じて注意させます。


自席でお客様が酔って女の子を触ったり、失礼な発言をしたりしたときは、その場でお客様をたしなめます。

触られなくても言葉で傷つく女の子もいっぱいいるので、ママとして女の子を守らなくてはという意識が働きます。

あるとき、こう反論されたことがあります。

「これだけ払っているんだから、このくらいいいだろう」

あんまりな言い分です。そもそもいただいているお金には、女の子がイヤな思いをする接客は含まれていないはず。

つまり、私たちが提供しているサービスだけでは満足できないから女の子を触るということ。それなら、私たちはこれ以上サービスできないので、来ていただかなくて結構です。言うべきときには、そうハッキリ主張します。

以前働いていたお店で、こんなことがありました。

来店されたお客様が非常に喜んでくださり、「明日も来るね」というご連絡をいただきました。

私としても、とても楽しみにしていたのですが、翌日呼ばれて席に行ってみると、「こんな子じゃない」と言われたことがありました。しかも、あまりにひどい一言を言われたんです。

「こんな妖怪人間ベラみたいな子じゃなかった」

理不尽な発言ですし、ショックでした。昨日、楽しく会話をした記憶も鮮明なのに、どうしてこんな扱いをされなくてはならないんだろう……。

頭に来た私は、啖呵《たんか》を切りました。

「もう結構です。すごく気分が悪いです。二度と私のことを席に呼ばないでください。団体様でいらしても、私は一番端に座りますから」

ふと横を見ると、ママが青ざめた顔をしていました。

それから、そのお客様が来店されても、私は席につくことはありませんでした。お店で顔を合わせても、「いらっしゃいませ」と口にするだけで、目も合わせません。

一方で、差し障りのないご挨拶のメールだけは欠かさず送っていました。

時が経って、私がお店を移ってママになったとき、すぐにいらしたのが、なんとそのお客様でした。

「覚えているよ、あのとき、怒った子だよね」

そう言って、毎週のように大勢様で来店されるようになったのです。

見た目で私を気に入っているとは思えないのに、不思議なことに、私が怒ったあとお客様が戻ってくるというケースが何度かありました。

ある程度地位があって、怒られ慣れていない方には新鮮なのかもしれません。怒るのはそれなりのエネルギーが必要です。私の真剣さが伝わっているのかなと思っています。

もっとも、ママになった今は、感情を抑えるケースも増えました。

遠回しに「イヤです」と伝えるスキルも身につけました。私も結構大人になりましたね。

きちんと主張するのもプロの役目

お客様の記憶に残るカギは「お見送り＋お礼メール」

お客様をお見送りするときは、「めちゃくちゃ明るく」が基本です。私は、お見送りのときは、たぶん、どのお店よりも明るくしていると思います。

「終わりよければすべてよし」

まさにその通りで、お見送りの善し悪しは、お客様の印象を大きく左右します。ですから、明るく、大きな声で感謝の気持ちを込めます。

「ありがとうございまーす」

声に出すとき、心の中では「明日からこのお客様のお仕事がうまくいきますように」と全力で祈っています。本当です。

その気持ちは、声に乗って伝わっていると信じています。

お見送りの際には、お伝えすべきことをお伝えするようにしています。たとえば、次のような言葉をおかけします。

「○月○日、お待ちしてますね。ありがとうございました」

「今度、○○（お客様の海外赴任先）に行ったときに、ご連絡させてくださいね」

さすがにお客様のお名前は口にしませんが、声が大きいので結構目立つと思います。

時々、別のお店の方から、言われることがあります。

「とうかちゃんのお見送りの声、聞こえたよ」

いずれにしても、そんなふうに、お客様の姿が見えなくなるまで、気持ちを込めてお見送りをしています。

お見送りの印象が記憶に新しいうちに、お礼のメールを送るのもポイントです。

お見送りとお礼メールは、いわばセットのようなもの。

挨拶メールの場合は、あえて定型文をお送りしますが、お礼メールは個人に宛てて内容を書き分けます。

私の場合、お聞きしたお話の中で印象に残ったこと、お客様の役に立ちそうな情報などを書き添えるようにしています。

ここで気の利いたメールを送っておけば、必ずお客様に思い出していただけます。

「お見送りは常に全力」を意識する

第　4　章

銀座最年少ママの心をトリコにする会話術

「聞き上手」じゃなくても大丈夫！

よく「コミュニケーションは聞くことが大切」とか、「会話上手は聞き上手」とかいわれることがあります。

でも、私の場合は圧倒的に話している時間のほうが長いと思います。あえて聞き役に回ろうと意識していません。

話すときには、会話の勢いやテンポを大事にしています。見る人が見れば、お客様が一方的に押されているように見えるかもしれないですね。

聞き役になるのは、一対一で、お客様が明らかに話を聞いてほしそうにしているときだけ。

基本的には、複数のお客様を相手にする形で話をするので、私はＭＣ役でいることのほうが多いです。自分でたくさん話しながら、その場にいるお客様をどんどん巻き込んでいくイメージです。

たとえば、「今は仕事の話よりもゴルフの話のほうが盛り上がりそう」と思ったら、さりげなくゴルフの話に誘導していきます。

お客様に話題を振るのは、聞き上手のやり方とは明らかに違います。私がメインで話しながら、お客様も参加している実感がある場づくりを心がけているのです。

私と会うと仕事がうまくいくという話をよく聞きます。

「気分が下がっているときに一緒に飲むと、上がってくるんだよ」

「話をしているうちに、仕事の答えがひらめいた」

そうおっしゃっていただくこともしばしばです。

私が一所懸命に元気づけているわけでも、仕事のアドバイスをしているわけでもないのですが、不思議とそう思えるようなのです。

たぶん私が勢いよく話すのを聞いているうちに、お客様が自分で頭を整理されているのではないでしょうか。

ポイントは「お客様が話したい話」をしてもらうこと

会話は「3つのパターン」を用意しておく

初対面のお客様と会話が続かなくなるのって、気まずいですよね？

私も、最初は〝沈黙の間〟が怖くて気まずくて、仕方がありませんでした。当時は大学生だったので、年上の男性と話すのは勇気もいります。

そこで沈黙の間をつくらないために、あらかじめ「会話のネタ」を決めておこうと考えました。


準備するのは3パターンくらいの話題。

たとえば、「読んだばかりの本の話題」「最新のニュースの中から一番気になった話題」「大学生活や就職活動の話題」と決めて、詳しく話せるようにしておきます。

初めてのお客様の席について、ご挨拶の後、沈黙の間が生じそうになったら、すかさず話を一つ選んで振ります。

「今日、心理テストの面白い本を読んだんです。○○さんは、すごくオシャレなメガネをかけていらっしゃいますね。フレームがないメガネをかけている方って、心がすごく穏やかで人の話を受け入れてくれるタイプなんですって。そう書いてあるのを読んで、今日、フレームがないメガネをかけていらっしゃる方のお隣になったので、すごく安心しました」

もちろん、黒縁やメタルフレームなど、それぞれに合わせて内容を変えます。

一日のうちに、席を替わるたびに何度も同じ話をするので、最初は下手でも、だんだん上手く話せるようになっていきます。

同席している女の子にしてみれば、「また、同じ話をしている」となるわけですが、そこは気にしません。ただし、お客様には同じ話をしているのが聞かれないように、離れた席につくなどして気をつけています。

話を繰り返していくうちに、お客様から得た情報が加わることもあります。

たとえば、ニュースを話題にする場合。

「○○地方の災害、大変ですよね。ご実家のほうは大丈夫ですか？」

などと水を向けると、

「実家は大丈夫なんだけど、取引先のメーカーは原材料が供給できなくなって大変みたいよ」

という情報を耳にしたりします。

次に席を替わったときには、その情報を使って話してみるのです。すると、「すごいね。よく勉強しているね」と褒めていただけることもあります。本当は、さっきお客様から聞いた話の受け売りなのですが……。

ちなみに、準備するネタは日によって変えます。どうしても、本を読んだりする時間がないときには、新しいお客様に対してだけ、同じ話題を1週間引っ張ることもあります。

いずれにしても、投資の話などは興味が分かれるので、「最近できたお店」とか「ヒットしている映画」とか、気軽な話題がいいですね。

私の場合、料理教室に通っていた時期には、料理の話をよくしていた記憶があります。

「料理とかされます？」

そう聞いて、全然興味がないようだったら、すぐ別の話題に切り替えます。

3パターンあれば、どれかは必ずハマります。そんなふうにしてトーク力を磨いてきました。

お客様とお話しする前の準備ですべてが決まる

無口なお客様ほど「いいお客様」⁉

無口なお客様、気難しいお客様って、たまにいます。苦手にしている女の子も多いですが、私は得意です。この手のお客様が来店されると、「私、ついてもいいですか？」と聞くこともあります。

というのも、無口なお客様や気難しいお客様は、ライバルが少ないから狙い目なのです。

一度つかんでしまえば、ずっと通ってくださいます。愛想のいいお客様が、いろいろなお店にいい顔をして、一つのお店に定着しにくいのと真逆なんです。

無口なお客様だからといって、特別なアプローチをするわけではありません。

いつものように、私が一方的におしゃべりをします。

人の話を聞くのが好きなタイプの人もいますし、自分で話したくなったら口を開くので、気にせず話し続けます。

「○○さんみたいにおとなしい人って、心理学的に言うと○○なんですよね」

前項でお話ししたように、心理学に当てはめて分析結果をお話しすることもあります。面白い話をすれば、ちゃんと反応してくださいます。

あるいはちょっとしつこいくらいに積極的に行くのもアリです。

無口な人は、だいたいおおらかな性格の持ち主です。しつこく働きかけてもイヤがらずに受け入れてくださいます。

「ご飯連れていってくださいよ」

そう言うと、高い確率で「いいよ」と言ってもらえます。やっぱりライバルが少ない分、積極的な働きかけが響きやすいんです。

一緒にご飯に行っても、私が一人でしゃべっています。「うるさい子」と思われるくらいでちょうどいいんです。

そうやって慣れてくると、お客様もだんだん話してくださるようになります。時には、いいタイミングでツッコまれることもあります。

そうなったら信頼されている証拠です。ますます私のお店からは離れなくなるというわけです。

無口なお客様とは長いお付き合いができる

会話が苦手なら、とにかくオーバーリアクション

夜のお店で働くには、話し上手のほうが圧倒的に有利。おしゃべりなほうが人と仲良くなれやすいですし、お客様にも覚えていただけやすいからです。

トーク力は練習で伸びる部分も大きいので、実践の場で慣れることも大切。ただ、どんなに努力しても、天性のおしゃべり上手にはかなわないというのも事実です。

私のお店でもトークが苦手な子はいます。すごくきれいでスタイルもいい子なのに、お客様の前に出ると無愛想になってしまう。そういう姿を見ると「もったいないな」と思ってしまいます。

会話が苦手な子に共通しているのは、表情の乏しさです。何を聞いてもリアクショ

ンが薄く、感情が伝わってきません。

だから、会話が苦手な子には「喜怒哀楽を表情に出したほうがいいよ」とアドバイスします。

「おしゃべりが苦手でもいいから、とにかくお客さんが言ったことに対して全力でリアクションしてみて。ビックリしたときには〝えーっ！〟という顔、気持ち悪いときには〝キモっ！〟という顔、怒ったときには〝キーッ！〟という顔。表情を変えるだけならできるでしょ？　あまりしゃべらなくても、リアクションが変わるだけで、印象が全然良くなるよ」

喜怒哀楽の表情の中でも、とくに重要なのが笑顔です。

私が中学生のとき、先生の一言がきっかけで笑顔を意識するようになったとお話ししました。笑顔や愛嬌には、トーク力不足を補う力があります。

アフターでお寿司屋さんに行ったとしましょう。お寿司を食べて、お客様から「美味しい？」と聞かれたとき、「うん」の一言で終わったらテンションが下がります。

「オレと一緒にいても楽しくないのかな」と思われてしまい、結局はお客様を失うことになりかねません。

ここで「美味しい！」と笑顔を見せれば、お客様も満足できます。多少おしゃべりが苦手でも、表情が豊かであれば存在感が生まれます。

リアクションを大きくするだけで印象が変わる

「聞き上手」よりも「質問上手」になれ

話すのが得意な人は、あえて聞き上手を目指さなくてもいいし、話すのが苦手な人は聞き上手を目指してもＯＫ。話すのが苦手なら、苦手なりの接客があると思います。

でも、聞き上手を目指すなら、それなりの質問の仕方があります。

私は、新人の女の子の質問を聞いていて、もったいないと思うことがあります。

たとえば、お客様がスーツ姿で来店されたとき。

「今日はお仕事の帰りですか？」

これは愚問です。

状況から見て仕事帰りなのは明らかですし、「そうです」と言われれば、そこで会話が終わってしまうのですから。

「今日は、早くから飲まれていたんですか？」

「今日は、お仕事早めに切り上げたんですか？」

「外出からそのまま直帰できるお仕事なんですか？」

このように聞けば、そのお客様についての話が広がります。


お客様の服装に触れるときも同じです。

「そのネクタイおしゃれですね」と褒めるのは、誰でもやっていること。しかも、これでは「ありがとう」と返されて会話が終わってしまいます。

ネクタイを褒めるなら、次の会話につなげる工夫が必要です。

「そのネクタイおしゃれですね。ご自分で選ばれてます？　それとも奥様のセレクトですか？」

「自分で選んだよ」

「そうなんですね。すごい！　うちの父は全部母任せだったので、母はいつも文句を言ってましたよ。みなさん、自分で選ばれるんですか？」

こうすれば、少なくともその場にいらっしゃるお客様のネクタイ選びについて会話を続けることができます。

質問をして、お客様が気分よく語り出したらラッキー。ですが、たった一言で返される可能性もあります。

一言で返されても、次の会話につなげられるように、事前に話の展開をイメージしておく。そうした努力が結果につながっていくものです。

質問の「その先」の会話をイメージしておく

お客様のタイプによって「褒め言葉」は異なる

お客様のことは積極的に褒めたほうがいい。たしかにそうですが、ただ褒めればいいというわけではありません。

人によって褒めてほしい〝ツボ〟は異なります。

たとえば、自分が褒められるとうれしくなる人もいれば、奥様を褒められたほうがうれしい人もいます。

社長様が部下をお連れになったときも、褒め方には気を遣います。

「社長様、とても素敵ですね」で喜ばれるケースもあれば、

「社長様のところの社員さんは、みなさん優秀ですね」

が響く場合もあります。

「社長様のところの◯◯さんが、社長様のことを『尊敬している』とおっしゃっていましたよ」

が一番ハマるパターンもあります。

どういう褒め方をするべきかは、お客様をよく観察して判断します。

お客様が私に興味をお持ちかどうかでも、言葉のかけ方は変わってきます。

私に興味があるとわかっているときは、私が直接褒めるという選択肢を選びます。

私に興味がない段階では、「◯◯さんからよくお話をお聞きしています。仕事ができる人だっておっしゃっていました」などと間接的に褒める選択肢を選ぶのです。

褒めるときに意識しているのは「ウソはつかないけれど大げさに言う」です。

たとえば、お客様のメガネを褒めたいとき。

「お客様、素敵なメガネをかけていらっしゃいますね。よくお似合いです。私、そういう形のメガネをかけている方と、すごく気が合うんですよ」

ちょっと盛っていますが、ウソではありません。同じようなメガネをかけている人はたくさんいますし、中には本当に気が合う方もいるからです。

役付きのお客様を間接的に褒めるときも、「ウソはつかないけど大げさに」が大事です。

「毎回、こうやって飲みに連れていってもらえるなんて、◯◯さんの下で働く人は幸せですね。尊敬できる上司って、こういう上司だと思います」

このように、部下の人たちが直接上司を褒めているような言い回しに持っていきます。むずかしいですが、こういうところが会話の腕の見せ所なのです。

ただ褒めるのではなく、〝ツボ〟を意識して褒める

絶対にお客様に会話で勝ってはならない

私がお客様と会話をするときに常に意識しているのは、「お客様に勝ってはいけない、負けていなければいけない」ということです。

たとえば、「お休みに行くならハワイか沖縄か」という話になったとして、私がハワイ、お客様が沖縄で意見が分かれたとしても、お客様を否定したり、論破したりしてはいけないということです。

「でも」「だけど」と言いそうになるのを抑えて、「そうですね」とお客様に合わせます。

こういうと当たり前に聞こえるかもしれないですが、あらゆる話題で実践し続けるのは結構大変です。

「ハワイか沖縄か」でしたら、簡単にお客様に合わせられます。でも、中にはむずかしいシチュエーションもあります。自分の考えを抑え続けるのは精神的な負担になることも多いからです。

ですから、自分の意見をある程度は主張しつつ、カドの立たない着地点を目指しながら話を進めます。

あるとき、お客様からお子さんに対する愚痴をお聞きしたことがあります。

「やめろと言ったのに、息子がビットコインを始めたんだよ。いつも勝手なことばっかりしているんだ。どう思う？」

「私だってビットコインは買っていますよ」

「ママは社会的にも成功しているし、好きに使えるお金もたくさんあるから、うちの息子とは話が違うよ」

私は、ビットコインを買うのはむしろ、すごくいいことだと思っています。新しいモノに触れることで発見もたくさんあるからです。世の中の動きについていくには、新しいものに敏感でいる必要もあります。

でも、それをそのまま主張しても「生意気な小娘」になるだけ。そこで、架空の第三者の話として、私の意見を伝えることにしました。

「たしかに息子さんのことはご心配ですよね。ただ、私はある人から、『新しい技術に触れておくのもいいことだよ』って教えていただいたことがあるんです。それを聞いて一理あるなと思いました。きっと息子さんは、前向きに時代についていこうとする意識があるんじゃないですか？　それを見守ってもらえると、子どもとしてはうれしいですよね」

「なるほど。そういう考え方もあるんだね」

これは、自分の意見ではなく「人から聞いた話」にすることで、言いたいことをマイルドに主張するテクニックです。


お客様と知識を競うことも避けています。

株式投資などの話題になると、正直なところ、私のほうが詳しいこともあります。

「ママって株に詳しいんだよね？　教えてよ」

そう言われたら、もちろん知っている情報をお教えします。でも、自分から知識をひけらかすようなことはしません。

お客様から「これ知ってる？」と話しかけられたときには、聞き役に徹します。お客様にお話しいただくことで、周りの女の子も「へー、そうなんですね」と感心します。こういうときは、お客様に花を持たせるのが一番です。

お客様の話に反論してはダメ

お客様の悩みはすべて肯定的に聞く

時々、お客様から仕事上の悩みについて、ご相談を受ける機会があります。

「AとBという選択肢で迷っているんだけど、どうしたらいいと思う？」

そう聞かれたとき、私は明確な答えを出さないように気をつけています。個人的に、「こっちのほうがいい」と思っていたとしても、です。

専門でもない分野に関して、素人が無責任に口を出してはいけないとの思いもあります。それ以上に、迷ったときには自分で決断することが一番大事だと考えているからです。

だいたい、人が本当に悩んでいるときは、どちらを選択しても一緒。

仕事ができる人は、転職しても起業しても必ずうまくいきますし、逆もまたしかりです。本当はお客様のほうでも、ただ背中を押してほしいだけということもあります。

だから、こういうときには、できるだけ両方の選択肢のプラス面を強調するようにします。

「Aを選んだ場合って、どうなるんですか？　どういう仕事をすることになるんですか？」

「Bを選ぶって、こういうことですよね？　すごいですね」

こんな感じで、それぞれのメリットやプラス面を引き出していきます。

プラス面を引き出すように聞くと、お客様も肯定的に話してくださいます。

そうやって話しているうちに満足されます。結果的に、前向きに決断することができますし、どちらを選んでも、私から応援されたような気分になるのです。

もっとも、顧客としての率直な意見を求められたときには話が別です。

たとえば、「新商品のサンプルができたんだけど、どう思う？」と聞かれたとき。

「私くらいの年代だと、こういうテイストじゃなくて、こういう雰囲気のほうが好きだと思いますよ」

「マニア向けに特化するか、みんなに受け入れられるようなものにするか、どっちかに絞ったほうがいいって聞いたことがあります。この商品の場合、こうするとみんな買いやすくなると思いますけど、どうですか？」

否定的な印象を持ったとしても、できるだけ無難にお伝えするようにしています。

お客様の意見を肯定し続けるとうまくいく

お客様の悪口は口が裂けても言わない

銀座にいらっしゃるお客様のほとんどは、一流のビジネスパーソン。

でも、お勤めになっている企業が不祥事を起こしてニュースになることもあります。報道を見ていると、たしかに良くない問題があったんだろうな、とは思います。社会的に非難されるのも仕方のないことだ、とも。

でも、世間の人と一緒になってその会社を叩く気持ちにはとうていなれません。私には、いつもよくしていただく常連様がいます。不祥事が起きたからといって、感謝の気持ちがなくなるわけではありません。

ですから、お客様のことは全面的にかばいます。

「問題があったかもしれないけど、〇〇さんの誠実なお人柄はみんなわかっていますよ」

「今、お客様から厳しい言葉をかけられていると思いますけど、それは期待されていたからこそですよね。今は辛抱して、お仕事で応えていかれるのを信じていますよ」

そんなふうに、温かい言葉をかけるように心がけています。

お客様（お客様の会社）に対する悪口に同意を求められたときも同じです。

「〇〇さんはもうダメだね。最悪だよ」

そう言われても、もちろん同調なんてしません。

かといって全力で否定すると、今度は悪口を言ったお客様の気分を害してしまいます。

こういうときは、否定も肯定もしないように気をつけます。

「今は心配なときですね」

「どの企業さんも大変だと思います」

このように、あいまいな回答に終始します。

お客様は誰も傷つけない。全力で守る。銀座のママである限り、その点だけはブレないようにしたいですね。

どんな状況でもお客様を全力で守る

「失言」を恐れるなかれ

「空気が読める」「空気が読めない」という言葉があります。

一般的には、空気が読める子は、他人に気を遣うことができて、空気が読めない子はマイペースというイメージで語られます。

でも、実は、空気が読めない子も周りに気を遣っています。気を遣うあまり、余計な一言を口に出し、結果的に「空気が読めない子」になってしまうことがあるんです。

少なくとも、私が見ている範囲では、失言が多い子は話し上手です。気を遣って盛り上げようとした結果、うっかり失言してしまうわけですね。

本当は、場を盛り上げつつも失言をしないというのが理想。でも、口で言うほど簡単ではありません。

失言を恐れて無口になるくらいなら、リスクを取ってでも発言したほうがいい、と私は思います。


あるお客様に、Bちゃんという女の子がつきました。

お客様はシルバーアクセサリー会社の社長様。自社のブランドのアクセサリーを身につけていました。Bちゃんは、そんな事情を知らないまま、お客様の趣味を褒めようとして、こう話しかけました。

「素敵なアクセサリーですね。◯◯のものですか？　私も大好きなんです！」

Bちゃんが口にしたのは、お客様の会社よりも有名で高価なブランドの名前。一番言ってはいけない単語でした。

結果、お客様は激怒。そのままお帰りになってしまうことに。

Bちゃんのミスは、私が見ていない場で起こったので、その場でフォローすることはできませんでした。

あとで事の顚末を聞いた私は、Ｂちゃんを呼び出して注意しました。

でも、頭ごなしに叱ろうとは思いませんでした。Ｂちゃんはよかれと思って行動したわけですし、愛嬌のあるところがＢちゃんの魅力でもあったからです。

あえて強く叱ることはせず、アドバイスだけを心がけました。

「最初にお名刺をいただいて社名を確認したり、どんなお仕事をされているか聞いたりしておけば十分に防げた失敗だよね。しかも、お客様はアクセサリーをたくさんつけていた。これって、アクセサリーにこだわりがあるということだから、下手に知っているブランド名を出すのは危険だよね。次からはそういうところまで気をつけて発言したほうがいいよ。でも、お客様を積極的に褒めようとするのはあなたのいいところでもあるんだから、萎縮しないようにね」

Ｂちゃんがどれだけ理解してくれたかはわかりません。

「リスクを取りつつ失敗はするな」

そう言われてとまどうのも無理のないことだと思います。

結局は、何度も似たような失敗をしながら覚えていくしかないのでしょう。改めてそんなことを思い知らされる体験でした。

失敗は大事な経験の一つ

お客様を怒らせたら、とにかく謝るしかない

どんなに気をつけていても、お客様を怒らせてしまうことはあります。

知識不足や勉強不足でお叱りを受ける機会もあれば、逆に知ったかぶりに対して注意をいただくこともあります。

新人の頃に、私はゴルフの話をして、お客様の不興を買ってしまった経験がありま す。

たまたまゴルフの話題になったので、私は場を盛り上げようと思って、話を始めました。

「私、最近ゴルフを始めたので、少しはわかりますよ」

生意気にも、専門用語を使いながら知ったかぶりをしてしまったようなのです（今となっては、何を話したのかも覚えていません）。

普通のお客様なら、「よく知っているね」で終わるところですが、そのお客様は違いました。ゴルフにとても詳しい方で、私の素人発言がガマンならなかったようです。きつくお叱りを受けることになってしまいました。

当然、その場で心を込めて謝罪をするのですが、私はその場で許していただこうとは考えていません。


次に来店されたとき、「あの子は二度とつけないで」と言われたのですが、一人でお客様のところまで行き、立ったまま謝りました。

「先日は、本当に失礼な発言をしてしまい申し訳ございませんでした」

そのときは時間も経って、お客様も多少冷静になられていたのでしょう。

私の謝罪を受け入れてくださいました。

「若いのに、ずいぶん根性がある子だね。もう気にしなくていいよ。こっちも感情的になって言い過ぎてしまったよ」

その方は、私を気に入ってよく来店してくださるようになったんです。


私は、自分に非があると思ったときは、素直に謝るようにしています。

もう来店されなくなったお客様と、銀座の街中でバッタリお会いしたときも、逃げ隠れせずにこちらから近づいて頭を下げます。

「〇〇さん。本当に先日は大変申し訳ございませんでした」

無視をされても、何度でも同じように頭を下げられます。

直接頭を下げるだけでなく、メールでのフォローも欠かしません。

テンプレートを使った謝罪メールではなく、きちんとそのお客様個人に向けて、お詫びの気持ちを伝えるようにしています。


もちろん、お客様がまた来店されるようになるのがベスト。

でも、半分は自分の気持ちを納得させるため。

私は、お詫びをすることで、失敗を忘れないようにしているのかもしれません。

謝ると決めたら最後まで謝り続ける

第 5 章

銀座最年少ママのリピーターにする営業術

特別な営業活動なんていりません

私の営業活動といっても特別なことはありません。

来店されたお客様にお礼のメールを送り、あとは月に一度くらいのペースで、ご挨拶のメールを送るのが基本です。

働き始めたばかりの頃は、まだ大学生でしたから、1限目の授業が始まる前にお礼メールを送り、休み時間に名刺の整理をしていました。

最初は名刺が100枚くらいだったので、一日10件ずつ送るようなペースでした。

そのうち名刺の枚数が増えてきたので、ファイリングした名刺を見ながら、「今日はこのページからこのページまで送ろう」という具合に、どんどんメールの数が増えていきました。

当時は「怜《れい》」という名前で仕事をしていたため、

「メールをくれる怜ちゃんって、どの子？」

「怜ちゃんがメールくれるから来たよ」

などと言っていただくことがよくありました。

新人にとって大切なことは、何といっても「マメさ」です。夜の世界の仕事は、手間をかけたらかけた分だけ返ってきます。マメであること以上の強みはありません。ある程度のキャリアを重ねると、それにプラスした要素が求められるのですが、マメなメールを送るのが一番。それは今も変わらないと思います。

メールを送るときに意識しているのは、必ず個人名を入れるということ。

スマホに登録できるアドレスの数が限界を超えているので、名刺を見ながら、お客様の名前とアドレスを入力します。大変といえば大変なのですが、何度もその作業を繰り返すうちに、自然とお客様のことを覚えられるようになります。

ちなみに、お礼メールは朝の8時半までに送信するようにしています。一般企業の場合、朝9時始業で、出社後すぐにメールチェックをする人が多い傾向があります。そのため、朝8時半までにお礼メールを送っておくと、9時少し前に返信をくださる方が多いです。

そもそも、これを教えてくださったのもお客様。お客様に「何時にメールをすればいいですか?」とお聞きしたところ、「会社のメールチェックは朝9時までにやっているかな」という声が多かったのです。

メールのタイミングは、結構大事です。忙しいときに送信すると、スルーされてしまいますし、迷惑に感じられるかもしれないからです。

レスポンスまでの時間もかなり重要です。

毎回返信をくださるお客様には、それほどレスポンスを意識しなくても大丈夫。むしろ、すぐに返信するのを自重するくらいでちょうどいいのです。

でも、たまにしか返信をくださらない方からメールが来たときには、全神経を集中します。ここで、気の利いた返事を即レスできるかどうかが大きなポイントです。

メールを送った瞬間には、少なくともそのお客様はメールに意識が向いているので、できるだけ時間を置かずに返信します。

ここでお客様の印象に残れば、必ずお店に来ていただける自信があります。ですから、めったにメールをくださらない方は、着信音の設定を変えています。

こまめなメールは営業活動の生命線

メールの文章はあえてビジネスライクにする

メールの書き方は最初に働いたお店のママに教えていただいたのですが、自分でも結構研究しました。

とくに勉強になったのが、通販の商品についてくるお礼の手紙。

よく、通販でお菓子などを注文すると、お菓子と一緒に手紙がついてくることがありますよね。老舗のお菓子屋さんのお礼の手紙などは、文章に品があって、感謝の気持ちも込められていてとても参考になります。

そういう文章から、言葉の使い方を学んで、お礼メールにも応用していました。お客様から「よくこんな表現を考えたね！」と驚かれたこともありました。

お客様の会社のアドレス宛てにメールをお送りするときには、ベタベタした文章にならないようにも気をつけています。

最終的にはお店に来ていただくためにメールを送るわけですが、「またお会いしたいです。ぜひ来てください」といった文章は書きません。あえてビジネスメールのように、事務的なテイストの文章にします。

たとえば、お礼メールなら次のような感じ。

「本当に昨晩はありがとうございました。○○のお話、大変参考になりました。知らない世界のお話をうかがい、自分の選択肢が増えました」

挨拶メールなら、こんな感じでしょうか。

「○○地方の災害のニュースを見ました。お仕事に影響は出ていませんでしょうか。暑い日が続きますので、ご自愛ください」

普通の会社員が、仕事帰りにセミナーに参加して、そこで名刺交換をした人と翌日メールのやりとりをしたりしますよね？　イメージはそれに近いです。

ホステスとお客様は、あくまでもサービスを提供する側とされる側という原則があります。

お客様を恋愛対象として見ていないけれど、好意を持っていただきたい。そんなとき、「〇〇様の奥様がうらやましいです」と書くことがあります。こう書かれると、「オレに魅力を感じているのかな？」という印象が生まれます。

私としても、「これだけ地位のある方と結婚している人はうらやましい」という気持ちは実際に持っているのでウソではありません。こういう繊細な言葉のやりとりを楽しめるようなお客様が多いのも、銀座らしさの一つかなと思います。

メールは大人らしい言葉遣いを意識する

「いいお客様」ほどメールを返さない⁉

私は、これまでご縁があったすべてのお客様に月に一度はご挨拶のメールをお送りします。最初から月イチと決めていたわけではなく、自然と今の形に落ち着きました。そもそも、５０００人近くにメールを送っているので、月イチペースが物理的に限界という理由もあります。

すでにアドレスのキャパを超えているので、一部のお客様には手作業でアドレスを入力し、メールを送信しています。

送ったメールには返事が来ないことのほうが多いのですが、気にしません。というのも、毎月来てくださるお客様でも、返信をくださらない方のほうが多いからです。

とくに、飲み慣れている「いいお客様」はメールを返さない傾向があります。

「みんなにメールを送っているでしょ。いちいち返事が返ってきたら、また返さなきゃいけなくなるから大変だよね」

そう言って、私を気遣ってくださいます。返信をくださるにしても、私からのお礼メールに対して、１通だけというパターンが多いです。いちいちメールのラリーをするほど時間がないということもありますが、やはり私の手間を考えて必要最低限のメールしか送らないのです。

そういうお客様は、来店されるときにだけ電話をくださいます。だから、私も返事が来なくても、心を込めてメールをお送りしています。

これまで返信が１通もなくても、６年間メールを送り続けているお客様がいます。普通の子ならあきらめてしまうところですが、私はマメに送り続けます。

そうやってメールでつながっていると、４年ぶりのお客様がいらっしゃるなんてことも多々あります。１通もメールの返信がなかったのに「メールを見て来たよ」と言われます。とてもありがたいことです。

一度でもご一緒したお客様にはご縁があります。私には、そのご縁を失ったらもったいないという思いがあります。どのお客様がどんな幸運をもたらしてくれるかわかりません。もしかしたら、飲みに来ていただくことはなくても、この本を読んでいただける可能性はあります。それも私にとっては大切なご縁なのです。

メールでつながっている間はお客様とのご縁もつながる

銀座の女はLINEよりメール派

先ほどお話ししたように、お客様とご連絡を取るときには、基本的にメールをお送りします。

「LINEは使わないの？」

最近よく聞かれるのですが、「メールでお送りさせていただきます」とお答えしています。

私のほうから「LINEのIDを教えてください」とお願いすることもありません。

お客様の名刺にある会社のアドレスにメールを送ると、返信メールにLINEのIDをいただくことがあります。

だからといって、ＬＩＮＥのやりとりに移行するわけではなく、メールでのご挨拶を続けるようにしています。

もちろん、ＬＩＮＥでやりとりするお客様はいらっしゃいます。仲の良い常連のお客様とコミュニケーションをとるときにはＬＩＮＥはラクなので、私もよく使います。

ただ、ＬＩＮＥは、家族や親しい友人と連絡を取るときには便利なツール。たくさんのお客様とやりとりすることを考えると不向きです。

本音を言うと、これ以上ＬＩＮＥのつながりを増やすのは気が進みません。ＬＩＮＥは、なんとなくダラダラと言葉のラリーが続いてしまい、お互いに気疲れしてしまいます。そもそもＬＩＮＥ上で友だちの数を増やしたいわけでもないのですから。

その点、メールは、多くのお客様との距離感にピッタリ合っているような気がします。手紙のような奥ゆかしさが感じられるからでしょうか。そのため、できるだけＬＩＮＥでのやりとりは控え、ご挨拶は毎回メールでお送りしています。

これから新しいコミュニケーションツールが生まれるかもしれませんが、私の場合、しばらくはメールメインの営業スタイルが続きそうです。

お客様と適度な距離感を保つことが大事

ＳＮＳ時代だからこそ気をつけたい、お客様との距離感

今はどんな業界でも、ＳＮＳを活用しながら仕事をしています。

当然、水商売の世界にもその流れはやってきていて、ＳＮＳで積極的に情報を発信している子もいます。

私自身もＳＮＳで発信していますが、どちらかといえば消極的です。なんとなく、ある程度のラインでとどめておいたほうがいいような気がしています。一言でいえば「ちょっと危ないな」という感覚。

もちろん、私も日常生活の中でＳＮＳから情報を得る機会はたくさんあります。時代についていくためにも、ＳＮＳに触れておくことは大切だと思っています。

近い将来、インスタグラム経由でモノを買う時代が来ると私は予測しています。インフルエンサーの著名人が、インスタグラムでかわいい服をアップして、それを見た人が、ダイレクトにその服を買う。そんな便利な時代が目前に迫っています。

SNSを敬遠していたら、時代から取り残されるだけです。

ただ、自分が発信するとなると話は別です。

仮に私がパン屋さんを経営していたら、前のめりにSNSを活用していると思いますが、水商売の世界を、何の配慮もなく発信していいのかなといつも心配しています。

たとえば、テレビでは、タバコのCMを規制していますし、アルコールのCMも時間帯で規制しています。もちろん水商売のお店のCMなどは放映されません。

一方で、ネットの世界には、中学生や高校生も簡単にアクセスできるにもかかわらず、そこまで明確な規制がありません。キャバクラ嬢やホステスがネットの世界で〝カリスマ〟として人気になっているケースもあります。

「それって本当にいいのかな？」というのが正直な気持ちです。

自分の仕事にプライドがないとか後ろめたさを感じているとかではありません（アルコールやタバコのメーカーの方々もプライドは持っていますよね）。

夜の世界をカジュアルに感じさせることで、子どもたちが間違った世界に進んだりしたらどうするのでしょう。

「男の人と関わってお金を稼ぐ仕事ってカッコイイ」

現に、ネットの影響でそう思う子どもが増えています。それがこんな発想につながったとしたら――。

「男の人からお小遣いをもらえる商売があるのなら、それもアリだな」

これって、子どもに夢を与えるのとは正反対だと思うのです。

自分の仕事にプライドを持つからこそ、安易な情報発信にブレーキをかける必要があると思います。

これからも、私はＳＮＳでの発信は続けますが、「誰がどのように情報を受け取るか」

を忘れずにいたいものです。

情報を発信するときは、受け取る人のことを考える

本当に売れている子は同伴・アフターに頼っていない

改めて説明すると、お店の営業時間前にお客様とお食事に行き、その流れで来店していただくのが「同伴」。お店が終わった後に、お客様と食事や飲みに行くのが「アフター」です。

私は、基本的に同伴やアフターに行きません。最初にお世話になったお店のママが「同伴やアフターに行く必要はない」という考えの持ち主で、それに影響を受けたというのも一つの理由です。

同伴やアフターはお店の外でお客様と過ごす時間です。その時間も仕事といえば仕事なのですが、厳密にはお給料が発生しません。その意味では感覚がプライベートに近く、仕事であるという認識が薄れます。自分では注意していても、いつの間にか気が抜けたり、素の自分を見せたりしてしまう可能性があります。

でも、水商売は「夢の世界」を見せるお仕事。リアルな自分を見せるのは違います。素の自分はなるべく見せずに、お店の中の自分だけを見ていただくのがプロだというのが私の考えです。

一度同伴やアフターに行くと、お客様はまた行きたいと思うようになります。それに毎回のように応じていると、一部のお客様に時間と労力を集中させることになります。特定のお客様に対して密にご連絡を取る必要も出てくるので、それなりに負担も増えます。効率がいいとはいえません。

中には、2組以上の同伴を器用に掛け持ちする女の子もいます。この場合、スケジュール管理の手間もかかりますし、ご飯を2倍食べないといけなくなりますし、お客様に気づかれて不快にさせるリスクもあります。しかも、アフターの場合は、帰宅時間が遅くなって生活のリズムが崩れるという問題もあります。

一部のお客様に集中するか、単価が低くてもたくさんのお客様と接するか。正解はないかもしれないですが、売れている女の子、成功しているママは、たくさんのお客様から支持を集めるケースが多いです。

私も、できるだけたくさんのお客様とお会いするほうが自分のスタイルに合っていると考えています。ですから、同伴やアフターには頼らず、早めに帰宅して、メールを作成したり、手紙を書いたり、読書などをする時間をつくっています。

お店の中だけで十分に仕事はできる

イベントに頼るのは、お客様を呼ぶ力がないから

銀座には、季節ごとにたくさんのイベントがあります。

桜祭り、浴衣祭り、お月見にクリスマス。節分に十二単を着るなんてこともありますし、「〇周年記念」というのもあります。

イベントというと楽しそうですが、結局はお店が女の子にノルマを与えるためのものであって、女の子にしてみればお客様を呼ぶための言い訳だったりします。

最初に働きだしたばかりの頃、中秋の名月に着物を着ることになりました。ママが着物代を出してくれたので、「お客様を呼ばなきゃ」という気持ちになったのを覚えています。

「ママがお着物代を出してくれたので、ぜひお店に来ていただきたいです」

新人だったこともあり、お客様にド直球のメールを出しました。たくさんのお客様に来ていただきましたが、イベントって大変だなとも感じました。

お店で働く女の子個人にとって最大のイベントは、なんといっても誕生日。

誕生日には、プレゼントやお花をたくさんいただいて、シャンパンも入れていただく。女の子としても稼ぎ時だから、たくさんのお客様に手当たりしだい営業攻勢をかける。そんなイメージがあると思います。

でも、私は誕生日だからといって、手当たりしだい「お店に来てください」「シャンパンでお祝いしてください」とお願いするわけではありません。

誕生日がお客様を呼ぶきっかけになるのはわかっています。誕生日の月に売上が上がるのもたしかです。ただ、「誕生日に来てください」というなら、お招きしたお客様すべての誕生日を覚えておく必要がありますし、すべてお祝いしなければなりません。だから、「誕生日に来てください」とご連絡するお客様は、ごく一部に限っています。

私から見ると、今の銀座はちょっとイベントが多すぎるようにも感じます。売上が安定しているお店は、あえてイベントをしなくてもお客様を呼べるはずです。

イベントは、お店や女の子の都合で行なうのではなく、あくまでお客様に日頃の感謝を伝えて楽しんでいただけるようなものにしたいと思っています。

自分本位でイベントを活用してはダメ

お客様からもらって一番うれしかった誕生日プレゼント

私は誕生日にお花をいただくことは基本的にお断りしています。きれいなお花を見るのは好きなのですが、プレゼントとしていただくのはイヤなのです。生花はすぐに散ってしまいますし、枯れてしまいます。その儚《はかな》さを見ていると、切なくなるからです。

今までの誕生日で一番うれしかったのは、私からのメールをすべてプリントアウトして持ってきてくださったお客様がいらしたこと。

かかっているお金といえば、紙代とインク代だけ。変わっているといえば変わっているプレゼントなのですが、グッときました。

メールに関しては、他の女の子よりマメに送っていましたし、内容もきれいな文章を書いている自信がありました。そういった努力を認められたような気がして、とてもうれしかったのです。

そのお客様は、メールの返信は一切くださらず、来店されるときにだけお電話をくださる方でした。当時は、おそらく2週間に1回くらいのペースで、お礼メールとご挨拶メールを送っていました。

そのお客様がメールをプリントアウトされていた――。

「返信はくださらないけど、きちんと読んでくださっていたんだ」

感激したのを、今でもよく覚えています。

マメにメールを続けてよかったと思いましたし、このスタイルでいいんだと勇気づけられるような気もしました。

このように、高価なプレゼントをいただくばかりが誕生日ではありません。ホステスとお客様といっても人と人とのつながり。お互いに尊重し合える関係を大切にしたいですね。

努力を認めてもらうのが一番のプレゼント

色恋営業に頼らないからうまくいく

「銀座に色恋営業ってあるんですか？」

これは興味を持たれる方が多く、よく聞かれる質問です。

結論から言うと、色恋営業をしている子はいると思います。また、自分では色恋をしているつもりがなくても、色っぽくて好かれてしまう女の子もいます。

いずれにしても、そういう子は、特定のお客様頼みになります。結果的に、売上などで一定のレベルを超えられなくなるのです。だから、色恋営業はメリットよりデメリットのほうが大きい、というのが私の考えです。

幸か不幸か、私は色っぽさでお客様を惹きつけるタイプではないので、色恋営業をする必要を感じたことがありません。

それでも、たくさんのお客様を常連にする自信はあります。

たとえば、毎週のように大勢様で来店されるお客様がいらっしゃいます。お客様のお目当ては、Cちゃんという女の子。

お客様からいただくメールには、「Cちゃんと話せてすごく楽しかった」などと書いてあることが多く、Cちゃんに対する好意が伝わってきます。


でも、私に対しては、いたって事務的な言葉遣いをされます。

「おはようございます。昨日はありがとう」

「また行きますね。よろしくお願いします」

常に、いたって紳士的なのです。

おそらく、このお客様は私の「仕事」を純粋に評価してくださっているのだと思います。私は、接待や商談などのシチュエーションに応じて、完璧に席をつくっていると自負しています。

だからといって、そのお客様とCちゃんが色恋に走る心配はありません。

お客様もCちゃんも、私がそのお客様を呼んでいるという事実を理解しているからです。

仮に女の子が誘われそうになっても、「ママに言われているから行けません」と言えば大丈夫。こういうお客様との距離感は、独特なものがあると思っています。

お客様が望んでいるのは色恋だけではない

第 6 章

銀座最年少ママの胸のうち

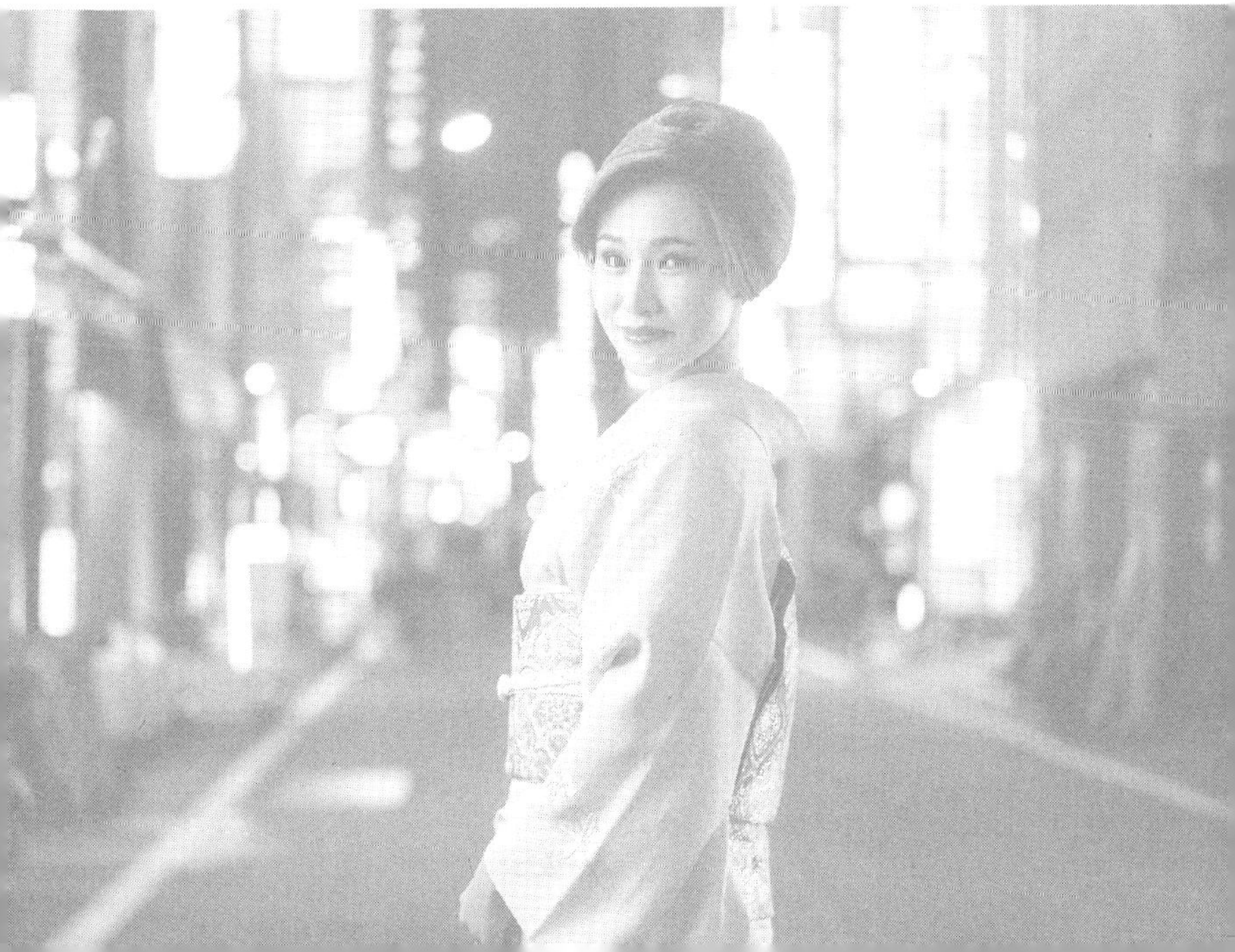

私が本当に欲しかったものは？

最近、ふと立ち止まって考えることがありました。

「私って、なんでこんなにがむしゃらに働いているんだろう。そもそも何を目指していたのかな」

しばらく考えて気づきました。

私が本当に欲しいもの。それは〝安心〟だったのです。

実は、私はかなりの心配性です。お店の隅々に気を配ってしまうのは、細かいことが気になって仕方がないから。

その心配は、常に自分自身にも向けられています。

「このまま素敵な出会いもなく、結婚できなかったらどうしよう」

「この仕事っていつまで続けられるんだろう。ずっとうまくいくのかな」

心配だからこそ、なんでも全力で頑張ってしまう。根っからの仕事好きというのとは、ちょっと違います。

なぜ、自分の目指す方向について考えるようになったかというと、最近、友人の結婚式に呼ばれる機会が増えてきたからです。

友人の中には、子どもを授かり、仕事を辞めて家庭に入った子もいます。そういう子は、頼れる配偶者を見つけて、なんだか幸せそうです。

だから、こんなふうに考えることもあります。

「安定した仕事を持っていて、なおかつ私の面倒も見てくれる人と出会って結婚することになったら、すべての仕事を辞められるかもしれない」

意外に思われるかもしれないですが、本気でそう考えています。

ただ、どうせ仕事をやるからには、誰にも負けたくないというのも本音です。

仕事で誰にも負けないためには、まず仕事に興味を持ち、好きになることが大事。

仕事の楽しい部分を見つける努力もしてきたつもりです。

たとえば、銀座のお店で働き始めた頃は、こんなふうに考えながら仕事をしていました。

「大学の帰りに、ふらっとお酒を飲みに来て、なぜかお金までもらえてしまう。そう考えると楽しいいんじゃないの？」

今は、あえてそんなふうに考えなくても、仕事は好きです。

でも、やっぱり「とことん仕事をやりたいタイプ」かと問われると、違うような気もします。もしかしたら、このまま迷いながら仕事を続けていくのかもしれないな。

そう考えることもあります。

プロフェッショナルよりもジェネラリストになりたい

私の迷いは、一つのことをとことん追求できない性格にも大きく関係しています。

中学生の頃、定期テストで学年順位が出るようになりましたが、私は3年間ずっと

250人中、3位以内をキープしていました。

高校に進学してからも、成績は優秀でした。

ただ、1位の成績を取ったときに、ある言葉を目にして衝撃を受けました。

「2位だったら、次は1位を目指せるけど、1位になってしまったら何も目指すものがないし、これ以上伸びない」

冷静に考えて、地方の進学校で1位を取ったからといって、全国的に見れば上には上がいます。勉強で上を目指すにしても、目標はどこまでも高く設定できたはず。

でも、なぜかこの言葉は私の心を強くとらえました。

ふと気づくと、勉強だけをひたすらやり続けることに冷めてしまっている自分がいました。私がプロフェッショナルよりもジェネラリストになりたいと思ったのは、明確にこのときからでした。

人生の時間は限られていますから、その限られた時間の中で、できるだけ多くのことに触れて、幅広い分野に向けた好奇心を常に満たしていきたい。痛切にそう考えるようになったのです。

それ以降、一つのことで結果を出したら、それをさらに極めるよりも、別の新しい対象のほうに興味がわくようになりました。良く言えば広く浅く引き出しを持っている、悪く言えば飽きっぽい人間なのでしょう。

高校までバスケットボールに打ち込んでいたのに、大学に入ったらスパッとやめてしまったのも、そんな性格の表われです。

大学に通っていた頃は、銀座での夜の仕事、大学の勉強、イベント、サークル、起業のすべてに力を注いでいました。どれか一つに絞り込むなんて、とうていムリだと思っていました。

習い事にもたくさん手を出しました。ピアノは長く続けていましたし、水泳も一通りマスターしています。

大学に入ってすぐに始めたのがフラメンコ。それまでフラメンコを見たこともなく、「フラメンコ」という単語を知っているだけだったのに、急にのめり込むようになりました。

きっかけは本当にちょっとしたことです。あるとき、知り合いから何気なく言われた言葉が引っかかりました。

「あなたは賢いから、あとは情熱を持てばきっと素敵な人になれると思う」

「情熱」といわれても、どうやって身につければよいのか見当もつきません。インターネットで「情熱」と検索したところ、たまたまフラメンコ教室のサイトが目に入りました。すぐに電話をしてフラメンコ教室に入会してしまったというわけです。

結局、フラメンコは4年でやめてしまいました。本格的に取り組んでいる人にしてみたら中途半端ですが、やっていない人に比べたらそこそこできる、というレベルです。

一時期は料理教室に通っていたこともあります。「結婚するなら料理ができたほうがいいかな」と思ったのが始まりです。そのほかにも、英語やスペイン語、中国語も習っていましたし、ゴルフスクールに通った経験もあります。

とにかくやりたいと思ったことは何でもチャレンジしたい。その考えは今も変わっていません。

自分では「本当に好きなこと」を見つけるつもりでいろんなことに手を出しているのですが、やっているうちに「本当はもっと別に好きなことがあるんじゃないの？」という気になってきます。

ずっと続いているものといえば、今の仕事だけ。

でも、正直に言うと、今の仕事が天職なのかどうかもわかっていません。たまたま選択肢の一つとして残っているだけで、もっと面白いことが見つかれば、あっさり乗り換えてしまいそうな予感もあります。

やっぱり私はスペシャリストではなく、ジェネラリストタイプ。でも、そこが自分のいいところだとも自覚しています。

プライベートでは全然モテない私

オンとオフの私はまったくの別人です。時々友人がお店に来てくれることもあるのですが、「雰囲気が全然違うね」とよく言われます。

自分では意識的に切り替えているわけでもなく、何がどう違うのかもわかりません。

ただ、お店では常に気を張っているとは思います。

たとえば、お店の中で起こった出来事は、基本的にすべて覚えているのですが、一歩外に出ると、記憶があいまいなときがあります。

酔ってタクシーで帰ったのに、どこでどう乗ったのかを覚えていなかったり、コンビニの袋やレシートはあるけれど、コンビニに立ち寄った記憶がまったく残っていなかったり……。

それと関係があるのかわからないのですが、私は仕事ではモテる自信があるのに、プライベートでは全然モテません。

あるとき、長いお付き合いのお客様に聞いてみたことがあります。

「プライベートで出会っていたら、私のことを好きになっていましたか？」

「ムリムリ、絶対ムリだよ」

「えー、どうしてですか？」

「君はお店にいるからモテるんだよ。プライベートでモテる子と、お店でモテる子は絶対に違う」

言われてみると、たしかにその通り。

たとえば、好きなお客様が別のお客様をお連れになったとき。私は、お連れのお客様を必死で楽しませます。そうすると、好きなお客様の株が上がって仕事がうまくいくのを知っているからです。

でも、プライベートで意中の彼を差し置いて、彼の友だちと盛り上がっていたら、恋愛はうまくいきません。

「とうかちゃんは、ディズニーランドで一番人気のアトラクションみたい」

お客様からそう言われたこともあります。

「どういう意味ですか?」

と聞いたら、こんな答えが返ってきました。

「あのさ、人気のアトラクションは並んでも乗りたいって思うし、刺激もあって楽しいよね。しかも、時間が経つとまた乗ってみたいと思う。とうかちゃんの魅力って、一言で言うとそんな感じなんだよ」

「……それって、褒めているんですか?」

「もちろん褒めているんだよ」

「でも、毎日乗ると飽きるってことですよね?」

「そうそう。だからプライベートで付き合うのはムリかな」

なんだか、やっぱり褒められているような気がしません。

「結婚したい異性に求める要素」を調査した統計結果を見たことがあります。男性が女性に求める1位は性格の良さ。2位は容姿で、3位は家事能力。

一方で、女性が男性に求める1位が性格の良さというのは同じなのですが、2位は経済的な安定、3位は健康なのだそうです。

どうでしょう。

女性にとっての理想の男性は、経済的に安定していて健康であること。ずいぶん現実的だと思いませんか？ これに対して、男性は地に足がついていないような感じがしませんか？

「男の人はもうちょっと現実的になったほうがいいですよ」

お店で、このデータを紹介しながら私が言うと、みなさん苦笑いされます。

やっぱり、私はプライベートではモテないタイプなのでしょう。でも今は、仕事でモテればいいではないかと割り切っています。

気分が落ち込んだときにしていること

いつも笑っておしゃべりな私ですが、もちろん気分が落ち込むことだってあります。同僚の女の子とけんかをしたり、接客がうまくいかずに落ち込んだりした経験は、数え切れないくらいです。

そんなときは、内にため込まず外に発散するように心がけてきました。よく、「ため息をつくと幸せが逃げる」と言いますが、逆だと思います。イヤなことはため息に乗せて吐き出してしまえばいいのです。

誰もいないところでため息をついて、「もうイヤなことが逃げた」と思う。それだけで気分がちょっと切り替わります。

外に出て気分転換することもあります。

私は気分が落ち込んだとき、都内のお寺に行くことが多いです。以前、台風が接近中のとき、あるお寺にお参りに行きました。

お寺では本堂にお賽銭を上げて、お守りを買っただけ。読経していただいたり、お財布を焚いていただいたりすることもできるのですが、それは最悪なことが起きたときのために取っておきました。

すると、実家がある街を直撃しそうだった台風が、直前になってそれるという不思議な現象が起きました。偶然なのでしょうが、気持ちがとてもスッキリしました。


そのお寺が有名なパワースポットかというと、けっしてそういうわけではありません。パワースポットは、人によって違うもの。みんなが集まるような有名な場所に行くよりも、近所に「ここに来ると安心できる」という場所をつくるほうがいいと考えています。

「この公園の前を通ると、なんとなく気分がいい」

「このカフェでお茶を飲むと、なぜかやる気が出てくる」

そんな場所があるだけで、人って頑張れるのではないでしょうか。

私の場合、皇居の前をタクシーで通るだけで、気分が上がってきます。なんといっても、皇居のあたりは緑も多いですし、市民ランナーが走っている姿を見るのも好きです。私が通るときは、天気がいいときが多くて、とくにすがすがしい印象が強い場所です。


ところで、本当に気をつけたいのは、気分が下がっているときよりも上がっているときだという話を聞いたことがあります。

運気が下がっているときは自覚がありますから、行動も慎重になります。一つひとつの仕事を丁寧にこなそうと意識します。人との会話でも気を遣うようになり、誠実な仕事ができます。

私自身、凹んでいるときには、すごく心配性になります。

「今日、〇〇が起きたらどうしよう」

「これ以上悪くならないために、どうしよう」

心配しながら仕事をするので、間違いがなくなります。

気分が下がっているときは「今は運をためている期間なんだ」と思って丁寧に仕事をしていれば、意外といつの間にか抜け出せていたりします。

でも、上がっているときは、我を忘れがち。売上がたくさん上がっているときや、酔って浮かれているときに思わぬ失敗をすることがあります。自分では気づかないうちに、スキが生まれているからです。だから、調子が上向いているタイミングこそ、落ち着いて行動するように意識しています。

運を味方につける生活習慣

銀座の街にはゲン担ぎを重んじる人が多いです。かくいう私も、そんな一人。

たとえば、銀座には「出世街道」と呼ばれる細い路地があります。人と人が、やっとすれ違えるくらいの狭い道です。

そんな道がどうして出世街道なのか？　その昔、著名な政治家たちが銀座で遊び、国会議事堂へと向かったことから名づけられたという噂があります。本当のところはよくわかりませんが……。

出世街道を通ると運気が上がると信じて、毎日歩いている人がいます。逆に、この出世街道を国会方面と反対方向に進むと運気が下がるという話もまことしやかにささやかれています。

銀座には、そういった話がたくさんあります。

運気が上がるビル、下がるビルといわれている建物があるというのも、以前からよく聞く話です。

「オレはこのビルの前は絶対に通らない」

「私はこの道は通るけど、あそこから先には行かないね」

こんな話で盛り上がることもあります。

とくに昔から銀座で飲んでいるお客様は、事情通が多いです。

ほとんど気分的な問題なのでしょうが、私もそういう噂を結構気にしてしまいます。

実際、銀座を歩くときに好んで通る道もあれば、必ず避ける道もあります。通勤ルートなども基本的に決まっています。


毎日の生活の中でも、自分なりにルーティンを守っています。

まず家を出るときには、「今日も一日いい日でありますように」と祈ります。

テレビや雑誌の占いをチェックして、ラッキーカラーの衣装を着たり、大事なときに「勝負アクセサリー」をつけたりもしています。


明るい人に近づくことも意識しています。

たとえば、買い物をするとき、レジが2つあったら、明るそうな店員さんを選んで会計してもらうといったようなこと。

タクシーに乗って、いい運転手さんに当たったったらチップを渡すこともあります。

ただ、タクシーの場合、事前に運転手さんの善し悪しがわからないので、時々無愛想な運転手さんに当たる機会もあります。

そんなときは、お札を渡して「おつりはいりません」と言います。

「この不愉快な気持ちは、ここでおしまい」

そんな思いを込めてチップを渡し、一目散に車を降ります。きっと「変わった人」と思われているはずです……。


お店やタクシーなどで不愉快な出来事があったとき、店員さんや運転手さんが悪いというより、自分のどこかに問題がある、と私は考えます。

自分に問題があって、それが出会う人の態度に表われている、と。

だから、不愉快な経験をした時点で、自分がいつもと同じではないということ。相手から危険なサインを教えてもらったと考え、休息を取ったり気分転換をしたりするように心がけています。

体調管理の基本は「掃除」と「睡眠」

先ほどお話ししたように、ただゲン担ぎをすればいいわけではなく、自分のコンディションに敏感であることがとても大事です。

そんなわけで、私自身、日常生活で気をつけていることはたくさんあります。

まずは、睡眠のサイクルを一定に保つこと。

仕事は夜12時に終わり、深夜1時くらいまでお店にいることが多いですが、なるべく早く帰宅して2時半までには就寝を心がけています。基本的にアフターは入れないというのも、十分な睡眠を確保するためです。

ちなみに、毎日、帰宅してから必ず部屋を掃除します。そうしないと悪い空気が滞っているような気がして、眠れなくなるのです。

そして、必ず一日の出来事を振り返ります。これは子どもの頃からのクセです。朝起きたときから帰宅するまでの一日の言動を、できるだけすべて思い出し、「あのときああ言ったけど、こう言ったほうがよかったかな」「あの場面は、こういう方法もアリだったかもしれない」などと、どうすれば最高のシチュエーションにできたかを頭の中で考えてみるのです。

朝は、どんなに遅くても午前９時までには起床します。ダラダラ寝ていると生活リズムが狂いますから、ここは結構気をつけているポイントです。

夜の仕事をしていると、とかく色白で不健康なイメージに見られがち。なので、朝日を浴びることも意識しています。

朝は必ずカーテンを開けて日光浴をするのが基本。季節によっては、カーテンを開けたまま寝るときもあります。

朝起きてから多少時間があるときには、掃除をします。

「9時までに洗面台をきれいにしよう」

「あと10分でトイレ周りを掃除しよう」

「今日は入念に掃除機をかけよう」

などと決めて一心不乱に手を動かします。

土日に何も用事がないときは、どちらか一日を掃除に当てています。我ながら本当に掃除が好きですね。

部屋の中の埃を払うことは、自分の中の邪念を払うことに通じています。掃除は精神安定にも一役買っているわけです。

お酒との上手な付き合い方

コンディションづくりという意味では、お酒との付き合い方も結構重視しています。

もともと私はお酒があまり好きではありませんでした。体質的に飲めないというより、お酒に関わる雰囲気が、どちらかというと苦手でした。

父親がお酒好きな人で、夜遅くにアルコールのにおいをさせながら帰ってくるのがイヤだったという記憶が影響しています。

ずっと「酒飲みにはなりたくない」と思っていたのですが、この仕事を始めてから徐々に飲めるようになりました。好きで楽しむために飲んでいるのではなく、「プロとして飲んでいる」という感覚です。


最初に働いたお店のママには結構鍛えられたと思います。

銀座のお店の売上は、ボトルが空くかどうかに左右されます。ママとしては当然、ボトルを早く空けてほしいわけです。一緒に席に座っていると、ママからの目線に気づく瞬間があります。

口に出して言われるわけではないのですが、その目線を見ていると、「今は飲んでほしいと思っているんだな」と気づきます。そんなときは、ウイスキーの配分を多めにして、グイグイ飲むようなこともありました。

最初はママの目線を感じたときに頑張り、ママがいないときには休んでいたのですが、いつの間にかずっと飲んでいても平気になりました。

たぶん、ママの立場で考えるようになり、お店の利益優先で動いていたのでしょう。

今は若い子の中にお酒が飲めない子も増えてきたので、私が必死でフォローすることもあります。ただ、自分なりに限度はわきまえていますし、すでにお話ししたようにアフターも極力入れないようにしています。

お金について私が思うこと

今は、それなりにお給料をいただけるようになりました。

「とうかさんの月の売上って、いくらぐらいですか？」

メディアの方からよく聞かれる質問です。

ズバリ、答えから言ってしまうと、1500万円以上。

「あれ？　キャバクラでもっと稼いだ人の話を聞いたことがあるけど……」

実は、そういうリアクションもよくいただきます。


ここでいう「売上」とは、総売上のこと。銀座で総売上（総売）というのは、純粋に料金のこと。

わかりやすくするために、セット料金が1万円のお店があったとしましょう。お客様は1万円を支払えばいいと思いますが、請求される金額が2万5000円になったりします。なぜかというと、1万円のセット料金に各種のサービス料や税金が加わるからです。

たとえば、HCはホステスチャージで、BCはボーイチャージ。TCのテーブルチャージは一般の人も耳にする機会があると思います。お店によってパーセンテージはマチマチなのですが、老舗のお店は高くなる傾向があります。

そういった金額を加算していくと、最終的に2万5000円になるわけですね。

お店によって仕組みが全然違うので、セット料金が4万円のお店よりも2万円のお店のほうが最終的に高額になることもよくあります。

銀座以外のお店では、「売上」というと、お客様が支払った金額の総額を意味します。ですから、銀座の100万円と、他の地域の100万円を単純に比較するのはむずかしいといえます。

しかも、銀座には明確な売上は大々的に公表しないという暗黙の流儀があります。それが売上の話をややこしくしている原因の一つかもしれません……。


すでにお話ししたように、私が仕事を始めた頃の時給は3000円。当時は、お金をせっせと貯めようという考えはありませんでした。

「夜の世界でお金を稼ぎすぎると抜け出せなくなる」

そんな話を聞いても、私には絶対に関係ないと思っていました。

大学を出たら普通に就職するつもりだったので、卒業時に稼いだお金をゼロにすればいいとさえ考えていました。銀座で稼いだお金はあぶく銭なんだから、最初からなかったと思えばいい——。

そんなわけで、借金返済が終わると、ギャンブルにお金を注ぎ込むようになりました。給料日の翌日に大金をスッてしまい、ママにお金を前借りした経験もあります。お金がない後輩や友人に見境なくおごってしまうこともありました。

その後、お給料が増えるにつれて、お金との付き合い方もうまくなってきたと思います。

お金というのは不思議なもので、使う人のほうに入ってきます。お客様もまったく同じことをよくおっしゃいます。

私が思うに、お金は「きっかけ」になるものです。お金ですべてを買うのは不可能ですが、きっかけをつくることは可能です。

お金で人の気持ちを買うことはできなくても、ご飯を一緒に食べたり、遊んだりすることに投資すれば、近づくきっかけにはなりますよね。そういったイメージでお金をとらえています。

お金を使うことは、外の世界に出ることにも通じます。お金を使って外に出れば、人とも出会えますし、チャンスも広がります。

たとえば、私はプライベートで通っているバーで、ある方と知り合いになり、お客様になっていただいた経験があります。もちろん、お客様を見つけるためにバーに行ったのではないのですが、結果的に出会いがチャンスにつながりました。

お金を使う人は、単純にいろんな経験をするから、それがきっかけとなってお金が返ってくるわけです。私も、お金を稼ぐことは好きですが、経験に投資できる人でありたいと思っています。

挑戦は続く

最後に私のこれからについてお話ししたいと思います。

前述したように、私は今の仕事を天職だと思っているわけではありません。そう遠くない将来に、あっさり辞めてしまうような気もしています。

では、最終的に私がどんな道を歩もうとしているのか。

実を言うと、まだ自分でもよくわかっていないというのが正直なところです。

今は、「本当にやりたいこと」が見つかったときに、すぐに始められる状態にしておきたい。そう強く願っています。

「本当にやりたいこと」をやるためには、お金も人脈も、知識もスキルも、そして運も必要です。

家が欲しいと思ったら、すぐに買えるだけのお金が欲しい。洋服屋さんを開業すると決めたら、洋服に関する知識と一緒に働いてくれる仲間が欲しい。

つまり、あらゆる選択肢に対して、常に可能性を持っておきたい。それが今の私のモチベーションになっています。

たとえば、2018年9月、私は銀座に飲食店を開業しました。なぜ、飲食店をやろうと考えたかというと、銀座で働いてきた経験が活かせると思ったからです。

私は、銀座で働く人の食事の好みもわかっていますし、食事にどれくらいの金額をかけているかも、接待ではどういうお店が重宝されるのかも知っています。

おまけに私はたくさんのお客様とつながっています。お客様に自分のお店を使っていただくこともできます。

まさに経験を活かして次のステップに踏み出したわけです。

ただ、「飲食店経営」というのも一つの通過点でしかないと自覚しています。気づいたらテレビに出る芸能人になっている可能性もありますし、海外に移住して何かの事業をしている可能性もあります。

あるいは、ぼんやりと「老人ホームをつくって運営したい」と考えることもあります。考えるだけでなく、実際にゆるやかなペースでケアマネジャーの勉強もしています。

数か月後にはさっぱり忘れてしまうかもしれないですが、興味を持ったらとりあえず学んでみようというのが私のスタンスです。

本当にやりたいことが見つかったら、すべてをつぎ込んで全力でチャレンジするだけ。いろいろ試行錯誤しているうちに、あっと驚くようなストーリーになるんじゃないかと予感しています。

ぜひみなさんも、楽しみにしていただけたらと思います。

あとがき

最近、メディアで私のことを少しずつ取り上げていただけるようになったおかげで、年下の女の子からアドバイスを求められる機会も増えました。

「とうかさんみたいにママになってお金を稼ぎたいです。どうすればいいか教えてください」

私としても、がんばろうとする子を応援したい気持ちはやまやまです。自分にできることがあれば、何でも相談に乗るつもりです。

ただ、一つだけわかっておいてほしいことがあります。

「成功する道は、みんなが思っているよりもずっとずっと地味なんだよ」ということです。

第1章でお話ししたように、私は時給3000円から夜の世界の仕事をスタートしました。

今やっている仕事のスキルは、最初のお店で、時給3000円のときに身につけたものがほとんど。当時、お金を稼ぐことはあまり考えず、メールの送り方や会話の仕方を徹底的に身につけたからこそ、今があるわけです。

いろいろ経験して気づいたのは、あのときのようにコツコツ頑張る時期がないと、何事もうまくいかないということ。

最初から「ラクして稼ぎたい」と思っても、きっとうまくいきません。

「なんだ、そんな正論は聞き飽きているよ」と言われるかもしれないですが、本当のことなのです。

だから、今時給1万円のお給料をもらっている子に相談されると、とても困ってしまいます。

時給1万円で働いている子が、時給3000円で同じ苦労ができるかと言われれば、それはムリに決まっています。人は、一度生活のレベルを上げてしまうと、下げるのが本当にむずかしいからです。

今、叩き上げでママになっている人は、みんな地味な苦労を乗り越えた人ばかり。華やかに見える世界の裏側には、実はこんな事実がある。それを知っていただければと思います。

最後までお読みいただき、ありがとうございました。何か一つでも「面白い」「心を動かされた」ということがあれば、とてもうれしいです。

桐島とうか

桐島とうか（きりしま・とうか）

1992年生まれ。学習院大学経済学部卒業。学生時代に起業して失敗し、水商売の道に進む。銀座の老舗クラブ勤務などを経て、2016年11月、24歳でクラブ「モントレー」のママとなる。銀座のママとしては現在最年少。お店に来ている顧客数は5000人、個人の月間売上は1500万円を超える。「高田純次のぶらり！夜の盛り場はしご酒」（BS朝日）や「橋本マナミのヨルサンポV」（BSフジ）など、TV・メディア出演多数。日刊SPA！で「漆黒革の手帖」を連載中。

銀座最年少ママの売れ続ける力

2018年12月20日　初版印刷
2018年12月30日　初版発行

著者　桐島とうか

発行者　小野寺優
発行所　株式会社河出書房新社
〒151-0051　東京都渋谷区千駄ヶ谷2-32-2
電話　03-3404-1201（営業）
03-3404-8611（編集）
http://www.kawade.co.jp/

組版　一企画
印刷・製本　株式会社暁印刷

Printed in Japan
ISBN978-4-309-24895-0